エミール・ルーディック 著

岡田 進 訳

# 現代の産業民主主義

## ［理論・実際・ロシアのケース］

The original book was published under the title :
Производственная демократия :
теория, практика, проблемы становления
в России
by Э. Н. Рудык


Japanese translation is published by arrangement with
the author.

# 著者はしがき

経済権力関係の民主化という傾向は、二〇世紀後半の世界の社会経済発展のゆるぎない傾向となった。それは次のような点に現れている。

●所有権の分散（「分解」）。それは、一部の非所有者（労働者とその組織、地方自治体、国家機関など）へのこの権利の委譲と、法律、特別な協定、企業の定款、団体協約による、事業所・企業・コーポレーション（以下、企業とする）の資産（資本）の「名義上の」所有者の権利——彼らによって前貸された資本を補填する権利、また彼らに属する生産手段を用いてつくられた所得の一部を取得する権利にいたるまで——の制限とを前提としている。

●資本の経済権力の独占にもとづく古い権威主義的な企業管理システムから、さまざまな形態をとった新しい民主的なシステムへの移行。それは、決定採択への労働者の限定された参加といった最も低い形態から、労働権（商品やサービスの生産過程の参加者としての労働者の権利）および／または所有権（雇用労働者として自分が働いている企業の株主または出資者としての労働者の権利）にもとづく、法律の枠内での労働者の自主管理といった最も高い形態までを含んでいる。

●労働権および／または所有権にもとづく、企業の経済活動の成果の分配への労働者の参加。

経済における権力の民主化という全世界的過程の発展は、必ずしも一義的なものではなく、しばしば矛盾した性格をもっている。たとえば、八〇年代初めに、所有権にもとづく生産の管理と生産成果の分配への労働者の参加の増大が見られたが、これは労働権にもとづく管理的決定の採択への労働者の参加が弱まっているもとで生じた、等々。生産における民主主義の導入によってさまざまな国で得られる社会経済的効果も同一ではない。しかし全体として見れば、経済権力関係の民主化のプラスと起こりうるマイナスとを比べた場合、一般にプラスの方が勝っていること（企業の管理や所得、従ってまた損失への労働者の参加と、決定採択への労働者の効果的参加の他の一連の諸条件が組み合わされた場合に）は、十分明瞭に現れている。

資本から労働への権力の移行、あるいは両者のあいだでの権力の分割を通じての、経済における権力の民主化のグローバルな過程の発展は、いわゆる非伝統的タイプの経済――「労働によって管理される経済」、「参加型経済」、あるいは「労働によって管理される経済」と私的または国家的「資本によって管理される経済」との中間的なタイプの経済としての「パートナーシップ経済」（ノーベル経済学賞受賞者J・ミードの規定による）――の形成に導いているか、あるいはいずれにせよ導く可能性をもっている（ミクロ・メゾ・マクロのレベル(1)でしかるべき前提が存在する場合）。

生産の管理と労使関係の分野におけるロシアの改革のベクトルは、別の方向性をもっている。改革の実施過程で、経済におけるすべての権力は、あらゆるレベルで、古い党・経済ノメンクラトゥーラ（官僚やエリート層）から、狭い範囲の巨大私的所有者、高級経営者、国家官僚の手に移っている。

労働者は、以前にも増して、生産の管理や生産成果の分配への参加から疎外されており、ここから、労働者にとっても、彼が働いている企業その他の営利組織にとっても、さまざまな否定的結果が生じている（公式文書で宣言された、生産における対決型の関係からパートナー的関係への移行を妨げる危険をはらんだ、時代遅れの生産管理システムの存在など）。

本書では、わが国の文献でははじめて、産業民主主義の理論と実際との総合的な分析を行い、ロシアにおける生産関係改革の主要な社会経済的方向と優先度とを〔別のものと〕取り替える必要があることを基礎づけ、民族的独自性としかるべき世界的経験とを考慮に入れて、わが国のミクロレベルにおける経済権力の民主化のありうべき方向を指し示す試みがなされている。

本書の執筆にさいしては、筆者が参加して（このテーマの研究責任者として）、ソ連（ロシア）科学アカデミー経済研究所（一九八九～九二年）、ロシア科学アカデミー雇用問題研究所（一九九二～九六年）、ロシア連邦労働・社会発展省労働研究所（一九九六～九八年）およびアメリカのコーネル大学〔国際プログラム「参加経済と労働によって管理されるシステム」―責任者J・ヴァネック教授〕によって行われた産業民主主義の問題にかんする共同研究の成果、ロシア連邦の一連の地域で行われた、生産の管理と生産成果の分配の民主的なシステムを備えた集団企業（協同組合企業）をつくる実験（クラスノダル地方、モスクワ州、ハバロフスク地方、その他）の過程で得られた筆者の知見、それに数多くのロシアや諸外国の研究者によって筆者に提供された資料が利用された。資料提供をいただいた方々のお名前を挙げれば、次の通りである。

A・ブズガーリン教授、I・ヴィリノフ博士候補、I・グリシン博士候補、J・ケレメッキー博士、A・コルガーノフ教授、V・モジャーエフ博士、G・ラキツカヤ博士候補、A・シュルス博士（以上、ロシア）、T・ワイスコフ教授、D・ジョンソン教授、M・クライデニスト教授、P・ローガン博士、P・ラッセル教授、J・シモンズ教授、G・ハンセン教授（以上、アメリカ）、M・ロズネル教授（イスラエル）、G・ケストネル教授（オランダ）、N・ミヒンド博士（デンマーク）、J・L・マンテロ・ド・ブルゴス博士（スペイン）、I・コンチ博士、M・ウヴァリッチ教授（以上、イタリア）、G・ヘルベルト博士（ドイツ）、B・ホルヴァート教授（クロアチア）、B・ツェロヴィッチ教授（ユーゴスラヴィア）、D・ヴォーガン-ホワイトヘッド博士（スイス）。

【注】

（1）ミクロレベルというのは、労働部署、労働者グループ、作業班、職区、職場、事業所、企業、コーポレーションを含み、メゾレベルは国民経済の部門やセクターを、マクロレベルは国民経済全体や超国家的経済組織を含む。

# 日本語版へ

私の著書が日本で出版されることは大きな喜びです。日本の国民は、集団主義的志向性をもった（これは日本国民とロシア国民とに共通しています）この国独特の文明の基礎や、強固な価値と伝統を（他の国民によってつくられた最良のものをすべて受容しつつ）維持しています。生産における民主主義の思想や原則も、そうしたものの有機的な一部分をなしています。

そして、「民主主義というものは、よくない管理制度だが、しかし考案されたものの中では、最も少ない程度によくない制度だ」と言ったW・チャーチルがもしも正しいのなら、それは政治の面においてだけでなく、経済の面においてもまたあてはまるものです。

本書を、日出ずる国で出版する労をとってくださったことに対して、岡田進教授に深い感謝の意を表します。

一九九九年一〇月

エミール・ルーディック

# 目次

## 第Ⅲ部　ロシアにおける産業民主主義——現状と課題

# 凡例

一、本書は、Эмиль Николаевич Рудык. “Производственная демократия : теория, практика, проблемы становления в России.” М., Фонд “за экономическую грамотность” 1998, с.292（エミール・ニコラエヴィチ・ルーディック『産業民主主義――理論、実際、ロシアにおける成立の諸問題』モスクワ「経済的素養のために」財団、一九九八年刊）の全訳である。ただし、原書の巻末に付録として収められている、著者が責任者となって作成された「営利組織の管理、資産および利潤への労働者の参加について」の連邦法草案は、本書第Ⅲ部第二章にその概要が述べられていることもあって、割愛した。また原書ではきわめて詳細な参照文献注が付されているが、日本の広範な読者にとってそれがかなりわずらわしいものとなることが懸念されたため、訳者の判断で、引用の場合や、数字など典拠の明示が不可欠と思われるものだけに限定した。さらに章・節の一部の表現を、原意を損わぬ程度に変更した。こうした処理についてはすでに著者の了承を得ている。

二、原書中の脚注は、章ごとにまとめて各章末に示した。引用・参照文献注は本文中に［ ］に入れて示してある。［ ］内の上の数字は巻末の引用・参照文献一覧に記載の番号、下は該当ページである。文献一覧では、露語文献には原語のあとに邦訳を付し、他の欧語文献の場合は原語のままにしてある。邦訳のあるものについては原語の表記を省略し、直接邦訳書とその該当ページを示してある。
三、本文中に〔　〕で挿入されている補足的な注記は、原著者（引用文の場合）のものと訳者のものとがあるが、〔―引用者〕という表示のあるものは原著者のもの、そうでないものは訳者のものである。またその範囲内で処理できないものは、別に訳注（〈＊1〉などと表示）を付した。

# 第Ⅰ部　産業民主主義の理論

# 第一章　産業民主主義の分類

生産の管理と生産成果の分配に直接的生産者が参加することにもとづく、ミクロレベルでの権力関係の特殊なタイプとしての産業民主主義は、その主体（労働者とその代表機関の側から）という基準からすれば、次のように分類される。

■企業の資産または資本には参与していない、企業の雇用労働者（以下、雇用労働者とする）および雇用労働者の代表機関

■労働者の集団によって形成された法人によって貸借された（賃貸・経済的運用・信託管理に供された）企業の労働者（以下、労働者とする）および労働者の代表機関

■いわゆる労働者（産業）協同組合（生産協同組合の主要なタイプの一つで、生産活動その他の経済活動に労働参加する個々の市民がそのメンバーとなりうる（1））や、生産活動または他の経済活動への個人的労働参加を加入の条件とする、その他の組織的＝法的諸形態の労働（市民）統合体のメンバーとしての労働者（以下、労働者＝メンバーとする）および労働者＝メンバーの代表機

関

■共同出資型協同組合（生産協同組合のもう一つの主要なタイプで、生産活動または他の経済活動に個人的に労働参加する者もしない者も、個々の市民が、また法人としての市民グループの統合体が、そのメンバーとなりうる(2)のメンバーや、人的会社（物的会社）〈＊1〉その他の、資産（資本）への貨幣的参加等を加入の条件とし、個人的労働参加はまったく生じないような、そうした組織的=法的諸形態の資本の統合体の参加者としての労働者（以下、労働者=所有者とする）および労働者=所有者の代表機関

産業民主主義の客体という基準からすれば、次のように分類される。

■生産の管理

■生産成果の分配

生産の管理（管理的決定の準備、採択、実現、その執行に対するコントロール）と生産成果の分配への雇用労働者（労働者、労働者=メンバー、労働者=所有者）への参加の形態という基準からすれば、次のように分類される。

■生産の管理と生産成果の分配に雇用労働者（労働者、労働者=メンバー、労働者=所有者）が直接参加する形態――いわゆる直接産業民主主義

■生産の管理と生産成果の分配に、企業の管理機関に代表者を派遣することを通じて、雇用労働者（労働者、労働者＝メンバー、労働者＝所有者）が間接的に参加する形態——いわゆる代表産業民主主義

生産の管理と生産成果の分配への雇用労働者（労働者、労働者＝メンバー、労働者＝所有者）とその代表機関の参加レベルという基準からすれば、次のように分類される。

■労働部署のレベルでの産業民主主義
■労働者グループ（作業班）のレベルでの産業民主主義
■職区（職場）レベルでの産業民主主義
■事業所レベルでの産業民主主義
■企業レベルでの産業民主主義
■コーポレーション・レベルでの産業民主主義(3)

生産の管理と生産成果の分配への雇用労働者（労働者、労働者＝メンバー、労働者＝所有者）とその代表機関の参加の部面という基準からすれば、次のように分類される。

■狭い意味での産業民主主義——これは、生産の管理への雇用労働者（労働者、労働者＝メンバー、労働者＝所有者）とその代表機関の参加の種々の形態・種類・メカニズム・制度によって示され

る。

■広い意味での産業民主主義――これは、生産成果、すなわち企業の利潤（所得）と損失への、その労働貢献（個人的、グループ的・集団的貢献）および／または株式数（出資分の大きさ）に応じた雇用労働者（労働者、労働者＝メンバー、労働者＝所有者）の参加（企業の経済活動の成果へのいわゆる物質的参加）によって補完された、雇用労働者（労働者、労働者＝メンバー、労働者＝所有者）の生産管理への参加の種々の形態・種類・メカニズム・制度によって示される。

生産の管理と生産成果の分配への雇用労働者（労働者、労働者＝メンバー、労働者＝所有者）とその代表機関の参加の程度という基準からすれば、その強さの度合に応じて次のように分類される。

**共同参加**　ここでは、雇用労働者（労働者、労働者＝メンバー、労働者＝所有者）とその代表機関は次のような権利を得る（法律、協定、企業の定款、団体協約によって規定された規模・手続き・条件によって）。

■企業の状態や、使用者（その代表者）によって採択された決定やプランについての情報を受け取る。

■一定の範囲の問題について、使用者（その代表者）による決定の採択以前に自分の意見を述べる（抗議にいたるまでを含む）。この意見は使用者（その代表者）によって考慮されることもありうるし、顧慮されないこともありうる。

■企業の生産活動や社会生活の一連の問題について提案を行う。これは使用者（その代表者）は必ず検討しなければならないが、彼らはそれを採用する――全部あるいは部分的に――こともできるし、拒否することもできる。
■経済的および社会的性格をもつ若干の決定の準備と採択に、審議権をもって参加する。
■企業の管理への参加をその機能の一つとする代表機関を形成する。
■企業の管理機関に少数派として自己の代表を送る。
**共同管理**　ここでは、雇用労働者（労働者、労働者=メンバー、労働者=所有者）とその代表機関は、次のような権利を得る（法律、協定、企業の定款、団体協約によって規定された規模・手続き・条件に従って）。
■使用者（その代表者）との対等な相互関係にもとづいて、経済的および社会的性格をもつ決定の準備と採択に参加する。
■一定の範囲の問題について使用者（その代表者）が雇用労働者（労働者、労働者=メンバー、労働者=所有者）の同意なしに採択した決定に対して拒否権（停止的または無条件的拒否権）を行使する。
■生産的および社会的性格をもつ一連の決定を自主的に採択する。
■企業の管理機関に使用者（その代理人）と同数の代表を送る。
**労働者統制**　ここでは、雇用労働者（労働者、労働者=メンバー、労働者=所有者）とその代表機関は、次のような権利を得る（法律、協定、企業の定款、団体協約によって規定された規模・手続き・条件に従って）。

■企業の管理への直接的な参加なしに、使用者（その代表者）の活動をコントロールする。

■使用者（その代表者）が、一定の範囲の生産的および社会的性格をもつ諸問題について、雇用労働者（労働者、労働者=メンバー、労働者=私債〝所有者）の同意なしに採択した決定に対して拒否権（停止的または無条件的拒否権）を行使する。

**自主管理**　ここでは、労働者（労働者、労働者=メンバー、労働者=所有者）とその代表機関は次のような権利を得る（法律、協定、企業の定款、団体協約で規定された規模・手続き・条件に従って）。

■企業活動の主要な問題について（小企業の場合にはすべての問題について）、「一人一票」の原則（政治的民主主義の原則）にもとづいて全労働者による企業の直接的管理を行い、その他の問題については、労働者によって選出され、そのコントロールを受ける代表者を通じて間接的管理を行う。

■契約によって管理部を雇い、一定の企業管理機能をこれに委ねる。

企業における経済権力の分配（誰が、いかにして、誰のために、生産を管理し、生産成果を分配するか）という基準からすれば、次のように分類される。

■雇用労働者が参加した、資本（私的・国家的・混合的）によって管理される企業における産業民

主主義の形態（種類、モデル、制度、メカニズム）

■労働者=所有者が参加した、資本（私的・国家的・混合的）によって管理される企業における産業民主主義の形態（種類、モデル、制度、メカニズム）

■雇用労働者と労働者=所有者とが参加した、資本（私的・国家的・混合的）によって管理される企業における産業民主主義の形態（種類、モデル、制度、メカニズム）

■資本（私的・国家的・混合的）、雇用労働者、労働者=所有者によって共同管理される企業における産業民主主義の形態（種類、モデル、制度、メカニズム）

■資本に参与しているか否かに関係なく、労働によって、企業のすべての労働者によって管理される企業における産業民主主義の形態（種類、モデル、制度、メカニズム）

■雇用労働者の労働を用いない労働者=所有者によって管理される企業における産業民主主義の形態（種類、モデル、制度、メカニズム）

■自分たちが雇用している雇用労働者の参加なしに、労働者=所有者によって管理される企業における産業民主主義の形態（種類、モデル、制度、メカニズム）

■雇用労働者が参加し、労働者=所有者によって管理される企業における産業民主主義の形態（種類、モデル、制度、メカニズム）

生産の管理と生産成果の分配への雇用労働者（労働者、労働者=メンバー、労働者=所有者）とその代表機関の参加の法的基盤という基準からすれば、次のように分類される。

■産業民主主義の制度的形態（法律によって定められたもの）

■産業民主主義の契約的形態（特別な協定、企業の定款、団体協約によって定められたもの）

生産の管理と生産成果の分配への雇用労働者（労働者、労働者＝メンバー、労働者＝所有者）とその代表機関の参加の法源という基準からすれば、次のように分類される。

■労働（人格）権、生産部面に従事する者の人権にもとづく、生産の管理と生産成果の分配への雇用労働者（労働者、労働者＝メンバー、労働者＝所有者）とその代表機関の参加

■所有権（労働者＝株主、人的会社または物的会社の労働者＝参加者、共同出資型協同組合のメンバー、また一定の条件つきで「労働者協同組合」のメンバーとしての権利）にもとづく、生産の管理と生産成果の分配への雇用労働者（労働者、労働者＝メンバー、労働者＝所有者）とその代表機関の参加

■労働（人格）権にも、また所有権（労働者が株主、人的会社または物的会社の参加者、共同出資型協同組合のメンバー、また一定の条件つきで「労働者協同組合」のメンバーである場合）にももとづいた、生産の管理と生産成果の分配への雇用労働者（労働者、労働者＝メンバー、労働者＝所有者）とその代表機関の参加

生産の管理と生産成果の分配への雇用労働者（労働者、労働者＝メンバー、労働者＝所有者）とその代表機関の参加のイデオロギー的機能という基準からすれば、次のように分類される。

■生産における資本の支配的地位を維持した上で、企業における経済権力の一部を資本から労働に引き渡すことによって労働と資本との対立を緩和しようという思想にもとづく産業民主主義のモデル

■生産における敵対的（対決的）関係のタイプから競争的＝パートナー的関係のタイプへの段階的な移行の必須の条件（前提）として、社会的パートナーシップの原則にもとづき、企業における経済権力の分割を通じて、労働と資本との社会的妥協（社会的合意、社会的平和）を達成しようという思想にもとづく産業民主主義のモデル

■資本と労働との利害は対立するという思想にもとづき、企業における経済権力を資本から労働にラディカルに再分配することを目的とする産業民主主義のモデル

**【注】**

（1）この種の協同組合の資産（資本）の所有権は、協同組合が解散される場合ですら、そのメンバーのあいだには配分されない。この権利は、労働者＝協同組合メンバー集団によって単一の全体として形成された法人に与えられる。

（2）この種の協同組合の資産（資本）の所有権は、その個々のメンバー——法人としての協同組合の資

産（資本）における出資金または持ち分の所有者——のあいだで配分される。

（3）国民経済の部門・セクター、国民経済全体、超国家的経済組織のレベルでの生産における民主主義は、経済民主主義の理論とモデルに含まれる。

**【訳注】**

〈＊1〉原語は хозяйственное товарищество（общество）。前者（人的会社）には無限責任社員の財産が究極的な担保となる、合名会社と合資会社が、後者（物的会社）には会社の資産だけが担保となる有限会社と株式会社が含まれる。

# 第二章　現代産業民主主義理論の思想的前提

現代の産業民主主義の理論は二〇世紀後半に形成されたが、その思想上・概念上の前提は、それよりはるか以前につくられていた。

内外の文献では、この理論の源流となる思想のきわめて広範なリストが示されている。

「空想的社会主義」（C・サン-シモン、C・フーリエ――フランス、R・オーエン――イギリス）。

「協同組合社会主義」（C・ジード――フランス、V・キング――イギリス）。

「無政府主義的社会主義」（P・J・プルードン――フランス、M・バクーニン、P・クロポトキン――ロシア）。

「キリスト教社会主義」（F・ビュシェ、F・ラムネー――フランス、W・E・フォン・ケッテラー――ドイツ）。

「国家社会主義」（A・ワグナー、F・ラッサール、C・ロートベルトゥス――ドイツ）。

ドイツ「講壇社会主義」（L・ブレンターノ、G・シュモラー――ドイツ）。

「科学的社会主義」（K・マルクス、F・エンゲルス――ドイツ、V・レーニン――ロシア）。

「民主社会主義」（E・ベルンシュタイン、R・ヒルファーディング、K・カウツキー、F・ナフタリ――ドイツ、O・バウアー、K・レンナー――オーストリア、L・ブルム、L・ローラ、J・モック、P・レンバー、A・フィリップ――フランス、E・ベヴィン、A・クロスランド――イギリス）。

「ギルド社会主義」（S・ホブソン、D・H・コール、A・ペンティ――イギリス）。

「フェビアン社会主義」」（H・M・ハインドマン、W・モリス、S&B・ウェッブ――イギリス）。

「ネオ社会主義」（A・ド・マン――ベルギー、M・デア、P・ルノーデル――フランス）。

「民族社会主義」の「反資本主義的」異種（G・シュトラッセル――ドイツ）。

イギリス「古典派」経済学（J・S・ミル――イギリス）。

「所有権分散」の理論、「人間関係」論、「新」管理理論、「権限委譲」論、「参加管理」論、「人間欲求階層」論、人間行動の行動主義的理解、労働モチベーション論、コミュニケーション論、その他（P・ドラッカー、D・マクレガー、A・マズロー、E・メイヨー、W・オオウチ、L・サロー、F・ハーズバーグ――アメリカ、E・トルスルード――ノルウェー）。

J・グールヴィチ（フランス）、A・ゲルツェン（ロシア）、A・ラブリオラ（イタリア）、O・ランゲ（ポーランド）、R・ルクセンブルク（ポーランド－ドイツ）、A・マーシャル（イギリス）、N・マフノ（ロシア）、A・パンネクック（オランダ－ドイツ）、A・ピグー（イギリス）、N・チェルヌィシェフスキー（ロシア）、J・シュンペーター（オーストリア）、その他の思想。

現代の産業民主主義の理論の源泉と先駆者のリストはもっと続けることができる（アナルコ＝サンジカリズム、T・モア、J・J・ルソー、G・ヘーゲル、I・カント、J・G・フィヒテ等々）。この理論は経済思想史に深く根ざしているが、たんに経済思想史だけにはとどまらない。

現代の産業民主主義の理論の思想上・概念上の前提の中から、その発生と発展の上で中心的な役割を果したと思われるいくつかのものを取り出してみよう。

第一の思想・概念のブロックは、「ますます非能率的で非採算的に」［136：14］なり、勤労者に「労働への不満の悪循環」［30：16］を生み出している、企業における「強権発動」の厳しいヒエラルキー的システムからより民主的なシステムへの移行の必要性を、とくに、あるいは主として、プラグマティックな論拠によって基礎づけようとする議論である。それは、まず第一に、労働モチベーションを高める有効な刺激をつくるという必要にもとづいており、「人間‐技術」システムにおける人間要因の意義が強まり、労働と、きわめて高価なものとなった技術とに対する、より創造的で責任ある態度が求められるようになっている科学技術進歩の条件下で、その意義が急激に増大しているとするものである（D・マクレガー、A・マズロー、W・オオウチ、F・ハーズバーグ、その他）。

第二の思想・概念のブロックは、労働と資本との「社会的妥協」の達成にもとづいて、ミクロレベルの経済における労働と資本とのあいだの権力の分割が必要であり合目的的であることを基礎づける議論である。

このような経済権力の分割の結果は、生産の管理における二つの主要な参加者の一方が支配的地位を占めることを排除する、労働と資本とのあいだでのパートナー的タイプの関係の樹立とならなければならず、これは二つの生産参加者のあいだの合意の探求へと向かわせることになる（O・バウアー、L・ブレンターノ、R・ヒルファーディング、L・ケルソ、A・ピグー、K・レンナー、G・シュモラーなど）。

社会的パートナーシップの原則にもとづく、企業における経済権力の分割という考え方の支持者、とりわけこの問題を、主としてイデオロギー的視点からではなく、プラグマティックな見地から扱っている論者の立場を全面的に展開したのは、現代福祉国家論の基礎を築いた有名な経済学者A・ピグー（一八七七〜一九五九）である。

ピグーの深く確信するところによれば、使用者と被用者の代表者から成る恒常的な機関は、「もしもそれがたんに不和の解決のみならず、作業条件、報酬支払の方法、……工程の改良等の決定に際しての一般的な協力をも委ねられるならば、平和の見込みはさらに一段と高められるであろう」。「これらの広範な問題で共に働くならば、使用者と被用者の代表者たちは、自分たちを仲間として見る傾きを増し、敵対する契約者として見る傾きを減らすようになるであろうし、したがって彼らの間に不和が起る場合、議論の一般的雰囲気が良好なものとなるばかりでなく、また双方の側は、彼らの共通の利益のために多くの価値ある仕事をなしうるものとなっている組織を極端な行動によって破壊しないように、いかなる犠牲を払ってもそれを避けねばならないという感情を彼らの心底に持つと思われる」。［286：14-15］

「このような和解の機関や委員会、利潤への参加の組織は、――とピグーは指摘している――まったく明白によい影響を及ぼしているが、しかもこれだけではない。もしも『労働不安』の一つの起源が賃銀率にかんする不満であるとすれば、二番目の、同じくすこぶる重要な起源は賃労働の一般的地位にかんする不満足である――現在の如き産業組織は自由人に固有なもろもろの自由と責任とを労働者から奪い去り、彼らをば他人の便宜に応じてあるいは使用しあるいは棄て去るところの道具に過ぎぬものとするという感情――約言すればその昔マッツィーニが述べた如く、資本は労働の圧制者であるという感情である。産業組織を変えて、労働者に彼ら自身の生活を支配する能力を一層強めるようにするために、たとえば労働者委員会を通じ使用主と協力して規律と職場の組織とにかんする問題を監督すること……すべてこうしたことは、たとえ経済的厚生を変化せしめず、または実際にこれを毀損することになっても、全体としての厚生を増大せしめるであろう」〔285：19〕。

第三の思想・概念のブロックは、経営における権力を直接的生産者に有利なようにラディカルに再分配することによって、資本の抑圧からの「労働の解放」を実現する必要があることを基礎づけようとする主張である（M・バクーニン、F・ビュシェ、D・H・コール、P・クロポトキン、K・マルクス、J・S・ミル、R・オーエン、P・J・プルードン、F・エンゲルスなど）。

イギリス「古典派」経済学の最後の偉大な代表者であり、改良主義的な社会進歩の概念の創始者の一人であるJ・S・ミル（一八〇三～七六）は、企業レベルでの経営権力のラディカルな再分配の支持者の立場を最も明確に表現した。ミルは次のように述べている。

「……いやしくも人類が進歩向上をつづけるとした場合に、結局において支配的となるものと期待されなければならないものは、主人としての資本家と経営に対して発言権をもたぬ労働者とのあいだに成立しうるそれではなくして、労働者たちがその作業を営むための資本を共同で所有し、かつ自分自身で選出し、また罷免しうる支配人のもとで労働するところの、労働者たち自身の平等という条件にのっとった共同組織である」〔290：153－154〕。

「キリスト教社会主義」のイデオローグの一人、F・ビュシェ（一七九六～一八六五）も自主管理的「労働者アソシエーション」システムへの移行を断固として支持した。彼の意見によれば、「企業における共和制」の創設は「政治の部面での共和制」を補うだけでなく、政治的民主主義の存在を維持する必須の条件となる。なぜなら「政治の部面での民主主義と労働の部面でのほとんど絶対的な君主制とは……長いあいだ共存することはありえないからである」〔68：46〕。

## 一　企業レベルにおける経済権力関係の「限定的」民主化理論の源流

厳しいヒエラルキー的な生産管理の組織からより民主的な組織への移行の合目的性を基礎づけている現代の管理理論の創始者たちは、通常、プラグマティックな論拠を用いているが、それらは主として、A・マズローの「人間欲求階層」論、「内的」および「外的労働モチベーション」理論（二要因理論あるいはその創始者の一人の名をとってF・ハーズバーグ理論としても知られている）、D・マクレガーの「新」管理理論といった武器庫から取られたものである。

右に挙げたすべての理論は、生産管理への参加からの労働者の完全な疎外の「経済的合理性」を概念上基礎づけるものとなっている、D・マクレガーによって「X」理論と名づけられた、「古い」、「古典的な」管理理論と対立している。

「X」理論（これはまた「テーラー主義理論」とも呼ばれる）は、次のような公準を前提としている。

●「普通の人間は生来仕事が嫌いで、できることなら仕事はしたくないと思っている」。

●「この、仕事嫌いという人間の特性があるために、たいていの人間は、強制されたり、処罰するぞとおどされたりしなければ、企業目標を達成するために十分な力を出せないものである」。

●「普通の人間は命令される方が好きで、責任を回避したがり、あまり野心をもたず、なによりもまず安全を」、金《カネ》を手に入れることを望んでおり、「次の給料より先に目を向けることができない。そこで頭脳と筋肉、思考と行動の分離によって、皆が利益を受けることになる」［288・38-55］。

「X」理論のこの前提的公準から、労務管理にかんする次のような勧告が導かれることになった。

第一、「労働者の前にはアメを置いておけ。彼らはそれを得ようと努めるだろう」。

第二、「彼らの前でムチを鳴らせ。そして必要とあらば怠け者の労働者にはムチを当てよ」。

第三、「労働者に、上から命令される『合理的な』指図に無条件に従うことを教えこめ」。F・W・テーラー（一八五六〜一九一五）――彼の思想と著作が「X」理論の基礎となっている――は、労働者にこう要求した。「私は君たちに考えることを禁ずる。これに対しては別の者に支払ってある」［6：8］。

労働者を上から命令される指示の機械的な遂行者のレベルにまで引き下ろしてしまう分業原則のこのような把握は、生産における労働者の行動の単純きわまる理解にもとづいている。それによれば、労働者をつき動かすものはもっぱら経済的刺激であり、物質的報酬の額が労働の結果と直接結びついている場合に、彼は最大の効率で働くだろう、ということになる（「アメとムチ」の政策）。

「新」管理理論のモチベーション・ブロックの考案者たちは、生産過程における人間の行動の心理的動機の無視を指摘する。彼らは労働者のモチベーションの主要な源泉を、管理のいわゆる外的要因の作用、処罰と報奨のシステムを用いた職場での労働者の行動の管理（これが「X」理論に特徴的なものである）にではなく、「人間の内的世界、その欲求、価値、意欲に」求める［223：32-33］。

このモチベーション理論のブロックの一つは、A・マズロー（一九〇八〜七〇）の「人間欲求階層」論で、その主要な結論は一九四三年に発表された。

この理論によれば、人間は主として自分の内的欲求――生理的・心理的・社会的その他の欲求――を満たすために働く。マズローによれば、こうした欲求は、その充足の切迫性と順位とによって、種々の階層的レベルに配列される。

マズローの人間欲求階層論によれば、まず第一に、最も低いレベルの欲求が充足されなければならない、ということになる。「最下層」の欲求の充足は（マズローによれば）、より高レベルの欲求充足の前提である。なぜなら、ある時点で人間の行動を規定する欲求が満たされた後にはじめて、それは人間にとって緊要性を失うからである。

マズローによれば、人間欲求の階層は図1のような構造をもっている（下から上へ）。

マズローの理論に従えば、基礎的なレベルの欲求を満たすだけでなく、より高いレベルの欲求を満たす可能性を提供することによってのみ、企業は人間のモチベーションに積極的に、しかも最も効率的に働きかけることができる。「人間はパンのみで生きているのではない。しかしそれはパンの不足を感じていない時だけだ」――マズローはこうした言葉で自分の理論の結論を簡潔に表現した［48：9-10］。

A・マズローの人間欲求階層論は、F・ハーズバーグの「労働の内的・外的モチベーション」の理論によって補足された。

ハーズバーグの理論の基礎に置かれているのは、生産において労働者の行動に影響を与える二つのタイプの要因が存在するとする仮説である。

第一のグループは、労働の外的条件にかかわる諸要因である（賃金、企業による労働者に対する各種の特典の供与、労働者の社会的地位、雇用の保証その他）。

ハーズバーグによれば「労働の動因」の役割を果たす諸要因の第二のグループは、労働そのものの

**図1　マズローの欲求の階層**

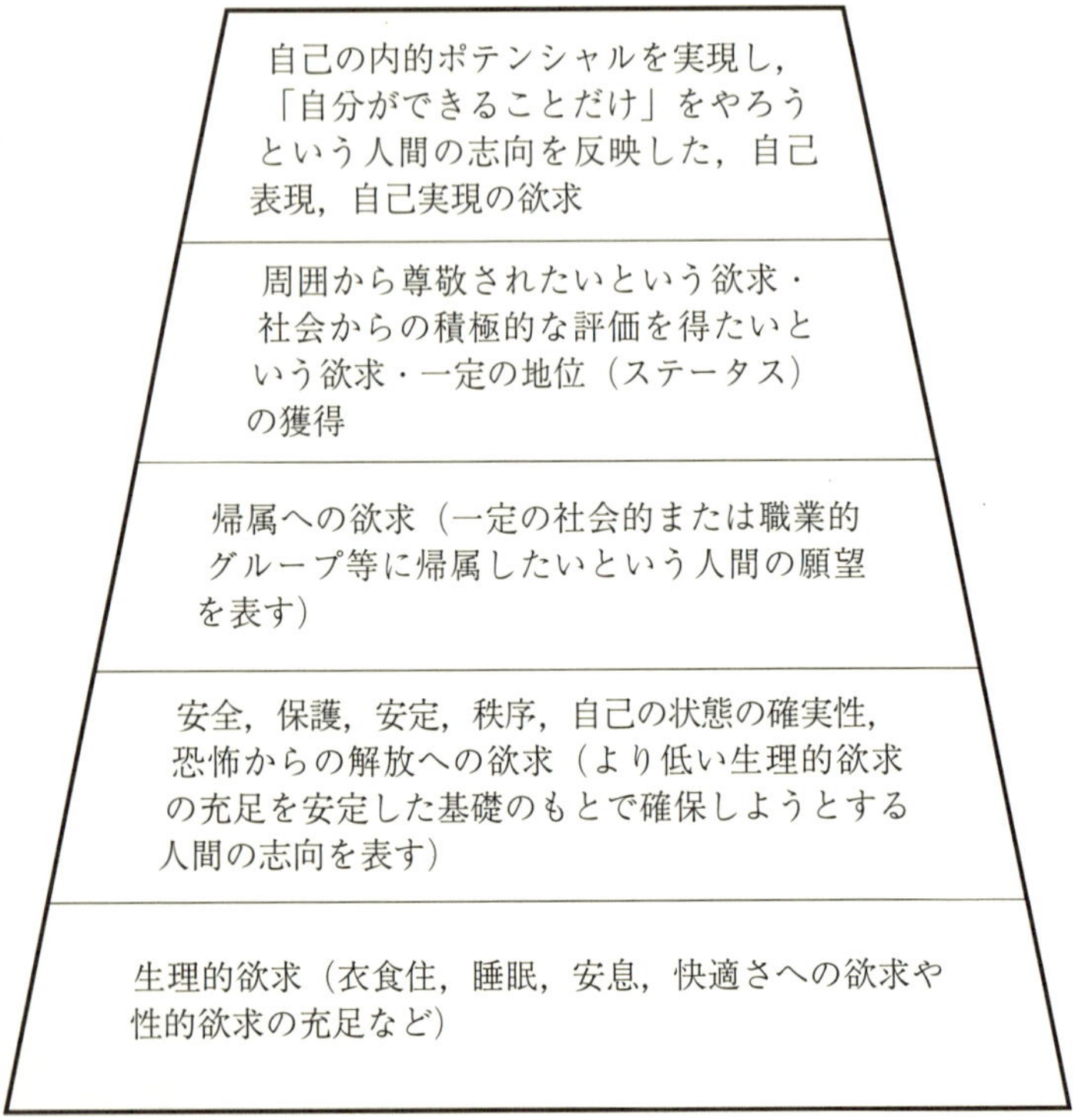
自己の内的ポテンシャルを実現し，「自分ができることだけ」をやろうという人間の志向を反映した，自己表現，自己実現の欲求
周囲から尊敬されたいという欲求・社会からの積極的な評価を得たいという欲求・一定の地位（ステータス）の獲得
帰属への欲求（一定の社会的または職業的グループ等に帰属したいという人間の願望を表す）
安全，保護，安定，秩序，自己の状態の確実性，恐怖からの解放への欲求（より低い生理的欲求の充足を安定した基礎のもとで確保しようとする人間の志向を表す）
生理的欲求（衣食住，睡眠，安息，快適さへの欲求や性的欲求の充足など）

内容にかかわる諸要因である（労働の質、昇進の見通し、決定採択に参加する可能性など）。

この理論に従えば、第二のタイプの諸要因のみが労働者のモチベーションに刺激的作用を及ぼし、労働生産性と労働の質の向上を促進する。

ここから「労働の豊富化」にかんする次のような実際的な勧告が導かれる。

第一、なされた仕事についての報告システムを維持した上で、労働者に対する監督の一連の諸要素を取り除く。

第二、自分の仕事に対する労働者の責任を高める。

第三、労働者が作業班や職区などで行われるあらゆる仕事に取り組めるようにし、特定の生産業務の遂行だけに限定しないようにする。

第四、労働者にその職務を果たすための追加の権限を与え、遂行手段の選択の自由を保障する。

第五、職長その他の指導者にだけでなく、労働者にも、必要な情報を定期的に提供する。

第六、労働者に、以前やったことのない、新しい、より複雑な課題を提起する。

第七、労働者に、彼の個人的可能性に応じて、その遂行によって「その道の専門家になれる」ような任務を委せる〔213・61〕。


このブロックの理論を完成させたのは、「新」管理理論、あるいはその名づけ親であるＤ・マクレガーの言うところの「Ｙ」理論である。

労働者は怠け者であり、働くことが嫌いで、責任や創造を必要とされる仕事を果たすことができず、彼らを働かせる唯一の動機は、会社の門の外で生じる欲求を満たしうるような賃金を稼がなければならないということだ、と主張する「Ｘ」理論とは異なり、「Ｙ」理論は次のような前提から出発する。すなわち、労働者は賃金だけに満足を見出すのではなく、労働そのものにも満足を見出すものであり、それゆえに生産の管理への参加の権利を労働者に与えることができるし、また与えるべきである、というものである。

「Y」理論は次のような仮説にもとづいている。

第一の仮説。普通の人間は生来仕事が嫌いだということはない。仕事で心身を使うのはごく当たりまえのことであり、遊びや休息の場合と変わりはない。

第二の仮説。外から統制したり威かしたりすることだけが企業目標達成に努力させる手段ではない。

第三の仮説。労働者の目標と企業の目標との同一化は、企業目標の達成に向って努力する中での「自己実現の欲求の満足」を通じて最もよく達成される。

第四の仮説。普通の人間は、条件しだいでは自ら進んで責任をとろうとする。

第五の仮説。組織的管理的な問題を解決するために、十分に高度の創造力を駆使し、手練をつくし、創意工夫をこらす能力は、たいていの人には備わっているものである〔213：54-55〕。

「Y」理論の考案者であるマクレガーは、このような仮説にもとづいて、次のような結論に達した。すなわち、創造的な労働に労働者を引き入れ、彼らを管理的な決定の採択に参加させることによってのみ、労働者の労働ポテンシャルを最大限に引き出し、自分が働いている企業の目標の達成に彼らの努力を傾注させることができるのである。

## 二　労働と資本とによって共同管理される企業の理論の基礎

社会的パートナーシップの原則で労働と資本とによって共同管理される企業にかんする現代の理論の概念上の基礎を築く上で主要的な役割を果たしたのは、次のような思想である。

❶アメリカの学者・銀行家・企業家であるL・O・ケルソ（一九一三〜九一）によって編み出された「二要因経済」あるいは「二成分経済」の概念。

この考え方によれば、古典的タイプの市場経済はその発展において二つの主要な段階――「一要因経済」の段階と「二要因経済」の段階――を経る。

資本の本源的蓄積の時期につくられ、初期の、「非文明的」資本主義の段階で機能していた「一要因経済」に特徴的なのは、生産の一要因である資本の絶対的な支配である。もう一つの要因である労働は、生産の管理や生産成果の分配への参加から完全に排除されていた。こうした条件のもとでは――とケルソは指摘する――、労働と資本との相互関係は不可避的に敵対的な性格を帯びることになり、ここから、労働にとってだけでなく、資本にとっても、また現存（すなわちブルジョア）社会全体にとっても、さまざまな否定的な政治的・社会的・経済的結果が生じてくる。

「二要因経済」――「発達した文明的資本主義」、「民主的資本主義」――にとって特徴的なのは（ケルソによれば）、「民主的な政策を行う政府が存在するもとで、合意に達した労働の働き手と資本の働き手との自発的な全般的協力にもとづく」商品とサービスの生産である。「生産成果の分配は、自己の労働に対する労働の働き手の私的所有と、自己の資本に対する資本の働き手の私有所有とにもとづく。分配のさいのおのおのの取り分は、自由競争のメカニズムを通じて評価される、彼らの労働貢献または資本貢献の規模に照応する」［178：48］。

ケルソの「二要因経済」の考え方の基礎にあるのは、次の三つの原則である。

第一に、所有は基本的で人間固有の「権利」であるという原則。このさいケルソは一つの留保条件をつけている。所有、あるいはより正確には「所有を構成する権利の総体は、絶対的なものではない。それは、所有対象を、他人の生命、自由または所有を侵すような形で、あるいは全般的福利を犠牲にして、用いる権利を排除している」［178：49］。

第二に、「資本所有を通じて」生産に参加するという原則。これは、ケルソの想定によれば、「人間を、幾世代にもわたって続いている労働義務から解放し、技術やテクノロジーの状態に応じて、政治的・経済的自立性と、文明のための仕事に捧げることができる余暇の一定の度合を人々に保障する」［178：50］。

第三に、制限性の原則。これをケルソは、資本によって生産される所得は、資本所有者あるいはその家族によって選ばれた「生活様式の枠内で」消費を保障するのに十分な規模に制限さるべきものと理解している。「……所有者の消費のため、また彼が生存の手段としての労働をまぬがれるために必要とされる以上の資本の蓄積は……他の者が相応の資本をもつ権利を侵害することになる。それはまた、私権の重要な構成部分をなす、財産の利用に対する制限をも損う」［178：50］。

ここから、ケルソによれば、「生産されたものの総体は、生産によって保障される、総消費能力に等しいがゆえに、おのおのの家族経営は十分な資本をもたなければならないとしても、誰ひとりとして過度に多くの資本をもつことはできないし、またもってはならない」ということになる。「多数の者が消費すべきものが少ししか生産されないならば、この多数者は自分のために生産する能力を失い、慈善事業の厄介になるか、さもなければ窮乏のあまり死んでしまう」［178：52］。

こうした、資本主義にとって爆発の危険をはらんだ状況は、なによりもまず、できるだけ多くの労働者を、自分の労働からの所得の獲得にも、資本――その所有者となる道が開かれていなければならない――からの所得の獲得にも参加させることによって、生産過程のあらゆる参加者のあいだでの社会的合意を達成する方向に現存経済制度を「再構築」することを必然的にする、とケルソは考えている(1)［178：56、85‐93］。

ケルソの深く確信するところによれば、これらの三つのすべての原則を「事実において承認」する場合にのみ、「同時に、また同程度に、民主的な資本主義が存在している、あるいは経済的公正がゆきわたっている、と言うことができる。驚くかもしれないが、これらの原則は、民主的な資本主義が依拠するいわば三本柱である。一本でも柱を取り去るならば、建物全体が傾いてしまう。他の二本を同じように変えないで一本を伸ばしたり縮めたりしたら、構造物はバランスを失い、倒れてしまう」[178：49]。

❷ 各種の所有の分散の理論は次のような前提にもとづいている。

(a) 所有と管理の分離という端緒的前提（この概念上の基礎づけは今世紀の三〇年代にA・バーリとG・ミーンズとによってなされた）。

(b) ローマ法では絶対的で不可分のものとされた所有権の古典的なワンセット（占有、利用、処分、取得）の多様な「束」への「分解」という命題。

(c) 所有権の「束」の一部を、生産過程のすべての参加者に（自分が働いている企業の資本に参与しているかいないかにかかわりなく）法律、使用者と被用者との協定、企業の定款、団体協約等によって規定された規模や手続きや条件で引き渡すことが必要であり、合目的的であるとするテーゼ。

❸ 生産の管理と生産成果の分配の問題で労働と資本との社会的妥協を達成する必要があるという思想。

こうした思想はドイツの「講壇社会主義者」、L・ブレンターノ（一八四四～一九三一）とG・シュモラー（一八三八～一九一七）によってはじめて提起され、改良主義ないしは社会民主主義に属する経済学者（O・バウアー、F・ブロッホ‐レーネ、T・ヴェブレン、R・ヒルファーディング、K・G・ミュルダール、F・ペルー、A・ピグー、J・ティンバーゲン、その他）の著書で発展させられた。

❹資本主義のもとで確立された政治的（議会制）民主主義体制の段階で、「最も強力な階級」としての資本の利益だけを擁護する機能を止めた（この思想の支持者に従えば）国家に、社会的仲裁者としての権限を与えるという思想。

この思想の担い手たち（R・ヒルファーディング、L・レーヴェンタール、K・シューマッハー、その他）は、仲裁者としての国家に、生産における労働紛争を防止することだけでなく、生産の管理と生産成果の分配の面でパートナー的関係を打ちたてる必須の条件（前提）として、労働と資本とのあいだの社会的妥協を達成することに対しても、責任を負わせようとした。

## 三　労働によって管理される企業の原初理論

初期の各種の生産自主管理理論の創始者たちは、（自主管理という）生産におけるその最高の形態での民主主義への移行が必要だとする認識では一致しながらも、こうした移行が、雇用労働者の、彼らが利用している生産手段の所有者への転化と結びついているのか（たとえばそのように見なしたのはL・ブラン、E・ベルンシュタイン、F・ビュシェ、F・ラッサール、R・オーエン、P・J・ブルードン、C・フーリエ、などである）、あるいは生産手段の「名義上の」所有者との契約によって規定された条件での彼らによる管理の掌握（賃借など）とかかわっているのか（このような立場をとったのはS・ホブソン、D・H・コール、A・ペンティ、C・ロートベルトゥス、S&B・ウェッブその他の、集団的（協同組合的）所有にもとづかない生産自主管理の支持者たちである）という問題をめぐって、二つの立場に分れた。

労働者〔の所有〕に属する企業における自主管理の問題の研究で最大の貢献をしたのは、次のような人々である。

F・ビュシェ（一七九六〜一八六五）

■現代の労働者生産協同組合の原型としての自主管理的「労働者アソシエーション」の創造計画を立てた。

■その基本的原則と特徴（「労働者アソシエーション」資本の、メンバーのあいだでの不分割性、「労働者アソシエーション」で一年以上働いた雇用労働者が、アソシエーションで労働活動を続ける必要がある場合、そのメンバーとなる権利、その他）を案出した。

■プルードンその他の協同組合的生産のイデオローグや理論家に先駆けて、「労働者アソシエーション」に奉仕し、それに必要な援助を与える銀行（何よりもまず協同組合銀行）システムといった、「労働者アソシエーション」の重要な支援組織の意義を理解していた。

C・フーリエ（一七七二〜一八三七）

■外部の資本を引き入れ、職業的管理者のサービスを用いる、工業と農業における初歩的な自主管理的生産「細胞」としての「ファランジュ」を詳細に構想した。

■十二分の四は資本に、十二分の五は労働に、十二分の三は「才能」に（ファランジュ・システムの発展と強化につれてこの比率は労働に有利に変化するものとフーリエは考えた）、という「ファランジュ」の所得の分配方式を提示した。

R・オーエン（一七七一〜一八五八）

■直接的生産者によって管理される協同組合連盟の創設の綱領をつくった。

■今日、生産協同組合とその統合体の枠内だけでなく、きわめて広範に普及している、メンバーのための常設の教育・啓蒙システムといった協同組合の重要な支援組織の設立のイニシアチブをとった。

P・J・プルードン（一八〇九〜六五）

■集団的＝不分割的所有にもとづき、「遂行された労働に比例した生産物や利潤への」参加システムを用いる、協同組合、アルテリ（ロシアの古来の協同組合の呼称）、共同体といった形態での自主管理的な「労働者アソシエーション」の総体としての未来社会の展望を示した。

■「自主管理が生み出す困難やあつれき、労働者アソシエーションの真の主人となりかねない新しい指導者層の発生の危険性」といった、今日きわめて緊要な問題をはじめて提起した［59：11-12］。

L・ブラン（一八一一〜八二）

■国家の支援（L・ブランは、「完成態」における国家を、階級の上に立ち、「精神面での理念を実現する」ものと見るG・ヘーゲル、J・G・フィヒテ、F・ラッサールと見解を同じくしていた）、まず第一に「組織的」支援（経済活動の初期段階における「国民作業場」の管理の組織化や、新しい条件のもとでの作業の技能を労働者が身につける上での援助）、また金融的支援のもとで、自主管理的な「国民作業場」をつくることを発案した。

■国家資本のほかに私的資本――その所有者は「国民作業場」に投じられた投資に対して利子を受けとる――を引き入れることを主張した。

協同組合的（集団的）所有にもとづく、初期の各種の生産自主管理理論の創始者たちの概念上の結論や実際的な勧告は、生産における自主管理の他の理論やモデルの考案者たち（S・ホブソン、D・H・コール、A・ペンティ、C・ロートベルトゥス、S&Bウェッブ、その他）によって批判を受けた。その理由は、彼らの意見では、協同組合的所有は、他の集団的所有形態と同様、初めから不効率

であり、発展の展望がなく、不完全である、というものであった。すなわち、

■生産協同組合、アルテリ、その他の法的形態の「労働者アソシエーション」のメンバーのあいだでの規律の不足。

■市場の条件のもとでの経済運営の条件・メカニズム・用具についての知識の不足。

■新技術の緩慢な導入、その他。

彼らによって代替的な解決として提案されたのは、国家に属する企業（国有化の手続きに入ったものを含む）を、あれこれの経済部門にたずさわり、国民経済レベルでは、ギルド国民会議――国の経済権力の最高機関――に代表される、ギルドの利用と管理に契約原理にもとづいて引き渡すことにより、あらゆるレベルで生産への労働者統制を打ち立てるというプログラムであった（こうしたプログラムの実現の試み――全体としてあまり首尾よいものではなかったが――は、今世紀の二〇年代初めにイギリスでなされた）。

出資金の額にかかわらず一人一票という原則にもとづいて、生産物の生産にかかわるあらゆる問題（生産物の品揃え、生産された商品やサービスの価格、賃金の大きさ等の決定）を解決する権利をギルドに与えることが提案された（ギルドで働くそのメンバーの出資金の額は、ギルドに引き入られてはいるが、そこでは働いていない出資者によってギルドに払い込まれた資金の額と同様に、ギルドの利潤のうち各自の取り分の大きさにだけ影響を与えうる）。

ギルドの生産政策が、社会、まず第一に消費者の利益に反するような場合には、消費者の代表者は、

相変らずギルドによって利用される生産手段の「名義上の」所有者であり、また消費者と生産者との紛争では第三者的機能を果たす国家に、あるいはこうした紛糾した事態を解決するために特別に設けられた機関に、援助を求めることができる。こうした機関には、紛争当事者双方が同数で代表されていなければならない。

「ギルド社会主義」のモデルの創始者たちの思想と実際的な結論は、各種の現代的生産自主管理理論の考案者たちに大きな影響を与えた。彼らは、第一に、労働者の自主管理と自分たちが働いている企業の資本の所有への移行とを直結させず、第二に、企業レベルでの自主管理と社会経済過程の集権化された規制形態との結合（両立）の可能性を理論レベルで証明する、補足的な論拠を見い出している。

【注】

（1）ケルソが提案したＥＳＯＰ（労働者持株制）の実際的な分析は、第Ⅱ部第二章および第三章でなされる。

# 第三章　民主的に管理される企業にかんする現代の理論

## 一　労働によって管理される企業の理論

### (1)　B・ウォードの「イリリア」企業の理論

現代の労働によって管理される企業の理論は、一九五八年に『アメリカン・エコノミック・レヴュー』誌に発表された、アメリカの経済学者B・ウォード教授の論文「イリリアにおける企業――市場サンジカリズム」[142：560-589]をもって嚆矢とする。

ウォードは、「官僚主義の桎梏から解放された市場社会主義システムにおける企業のあり方を考察しようとした」最初の人であった。彼はこのために、企業を、彼が「市場サンジカリズム」と呼んだものの範疇に入れた。

ウォードによれば、「市場サンジカリズム」は次のような特徴をもっている（市場的な資源配分メカニズムの利用のほかに)。

(a)　生産の合目的性や生産規模の問題の決定採択は個々の企業レベルで分権化される。

(b)　企業内での決定採択は、そこで働く者全員によって行われる。

(c)　労働者にとっての主要なモチベーションとなるのは物質的関心である。このさい、「資本主義企業」で生じる状況とは異なって、自分の企業を管理する労働者は、賃金の増大にも、企業の所得の増大にも関心をもつ［142：585］。

労働によって管理される企業の理論をその中心的なブロックとして含む「市場サンジカリズム」モデルは、一九五〇年代初め、ユーゴスラヴィアにおける労働者自主管理の諸要素の導入の過程で得られた最初の成果の分析にもとづいて、ウォードによって考案された［142：567-570］。「イリリア企業」という名称自体もこれに由来する（イリリアというのは、現在の南スラブ人、またアルバニア人が住んでいるバルカン半島北部の古い呼び名である）。

このさいウォードは、ユーゴスラヴィアの（ユーゴスラヴィアだけではないが）自主管理企業（また伝統的な生産管理システムをもつ企業）の実態や市場におけるその行動からは独立した一連の理論的仮定（仮説）を設定した。そしてこの結果、ウォード自身が認めるところによれば、「イリリア型」自主管理企業にもとづく「市場サンジカリズム」モデルを、世界で現存しているあらゆる経済体制のオルターナティヴとして位置づけることができたのである［142：567］。

ウォードが「イリリア企業」の理論を構築するさいに設けた仮定（仮説）は次のようなものである。

❶ 生産機能

- 企業は資本と労働の二要因のみを用いて生産物を生産する。
- 生産されたすべての生産物は販売される（生産物の需要要因は考慮しない）。

❷ 資　本

- 企業は、国有化された生産手段の「名義上の」所有者である国家から資本を受け取る。国家はこの生産手段を有償で（「社会的資源」を用いる企業に特別税を課することによって）、企業の「選挙で選ばれた労働者委員会」の管理に引き渡す。この委員会は、企業の労働者の物質的利害を考慮して、企業の生産物の価格を自由に制定し、生産量を定め、また政府側からの「外部的な」影響も、「労働者委員会」によって採択された決定を執行する企業の企業長からの「内部的な」影響をも受けずに、資本の利用にかかわるその他の決定を採択する権利を与えられている。企業は自己の生産設備を増大させようとしない（従って再投資はない）。

❸ 労　働

- もっぱら生産の要因としての労働。
- 労働の均質（同質）性（生産における労働紛争の規模と鋭さを大幅に低める要因）。
- 労働の質の不変性（定常性）。
- 労働者の判断によって（同意を得て）企業で働く人員の数を変更する（労働者を解雇・雇用する）可能性。

●労働支払いの基準値、いわゆる計算賃金率を国家が定める権利（その大きさは、しかるべき計量経済学的計算のさいに必要な正確さを保障するためのもので、企業が活動している市場によって決定される賃金の大きさに合わせられる）。

❹　市　場

●企業は「完全競争」――技術、テクノロジー、各種経済活動等にすべての参加者が対等な条件でアクセスできることを特徴とする「自由市場」の状態――のもとにある「自由市場」（「自由市場」の基本的な特徴は、その参加者の数が無制限であること、市場への「参入」やそこからの「退去」が自由であることである）で活動する。

●市場での価格は企業にとって外生的な（外的な）要因である。

❺　企業の目標（目的関数）

●「資本主義企業」に特徴的である利潤の極大化ではなく、労働者一人当り純収入の極大化である［142：566-570］。

設けられた仮定（仮説）、何よりもまず企業の目標のラディカルな変容という想定にもとづいて、また伝統的な新古典派の生産関数のツールを用いて、ウォードは、労働によって管理される経済の支持者とその反対者とのあいだでも、生産自主管理の思想の信奉者自身のあいだでも、激しい学術論争を引き起こすことになった、（そしてこの論争は現在にいたるまで続いている）意外な結論を導き出した。

ウォードが到達した主要な結論は次のようなものである。

(1)「イリリア企業」における生産と雇用の「均衡」水準は、他の条件が変らなければ、「資本主義企業」よりも低いものとなろう。なぜなら、市場価格の高騰に生産規模の拡大と雇用数の増大によって対応する「資本主義企業」とは異なり、労働によって管理される企業は、こうした状況のもとで生産規模を縮小し、労働者の一部を解雇し、それによって企業に残った労働者の一人当り収入を極大化しようとするだろうからである。自己の生産物の市場価格の高騰に対する「イリリア企業」のこの一見パラドキシカルな反応は、経済学では「市場のシグナルへの歪曲された反応」と呼ばれているものである。

(2)もし市場経済において労働によって管理される企業が優勢になるとすれば、それは「資本主義企業」が支配的である市場経済に比べてより不効率なものとなろう。すなわち他の条件が変わらなければ、経済成長率はより低くなり、失業指標はより高いものとなろう〔142・584〕。

ウォードの結論は、少くとも一部分については、他の有名なアメリカの経済学者E・ドーマーの反論を受けた。ドーマーは一九六六年に、「ソビエト型の農業生産協同組合」モデルの枠内で、労働によって管理される企業の市場における行動についての自説を提起した〔108・734-757〕。

ドーマーはこのモデルの研究にあたり、まず最初はウォードの「イリリア企業」の理論の前提条件と、そのツールとをいくらか拡張して利用した（ドーマーはこの企業を「純粋協同組合企業」と呼んだ）。ドーマーによって得られた結論は、――やはり驚くべきことではないが――ウォードのそれに近いものであった。

次いでドーマーは、ウォードによってなされた、彼の意見によると「非現実ないくつかの仮定(「労働の完全な弾力性」、その他)を否定し、結局、自主管理的生産協同組合は、資本主義企業あるいは国家に属する企業に比べてより高い効率をあげることが可能である(一定の条件のもとでは)という結論に達した[108:747-749]。

ウォードが設けた若干の端緒的な仮定(仮説)(再投資の欠如、国家と企業の企業長の受動的役割、労働によって管理される企業の主要な目標としての労働者一人当りの企業純収入の極大化)の正当性と、従って彼が基礎づけた最終的結論とは、一九七〇年に、他の有名なアメリカの経済学者で、「企業長自主管理企業」モデルの考案者であるE・フルボトン教授とS・ペヨヴィッチ教授によって疑問視された[116:431-454]。

フルボトンとペヨヴィッチは、現代の労働によって管理される企業の理論の創始者と公然と論争したわけではないが、自主管理企業の市場での行動を分析するさいに考慮さるべきであったにもかかわらず、ウォードが無視ないし過小評価した諸要因を数え上げた。

こうした諸要因の中で、フルボトンとペヨヴィッチは、企業への再投資を犠牲にして賃金を高めることを通じて企業の純所得を自分たちで分配しようとする志向(労働によって支配される企業の「投資不足」の危険をはらんだ労働者のこのような行動は、経済学で「フルボトン・ペヨヴィッチ効果」と呼ばれるようになった)に対抗するか、あるいは対抗しようとする勢力として、こうした企業の企業長の役割をとくに重視した。

フルボトンとペヨヴィッチは、企業長のこのような立場を、労働によって管理され、国家に属する生産手段を用いる企業における彼の特別な地位によって説明している。一方では、企業長は、選出された労働者評議会に対して責任を負い、それゆえこの決定を無条件に遂行しなければならないが、他方では、企業の財産の「名義上の」所有者である国家に対して、そして決して最後にというわけではないが、企業の純収入の一部を再投資に向けることに、責任を負っているのである。

こうした立場に置かれた企業長は、フルボトンとペヨヴィッチによれば、企業の労働者の利益とともに国家の利益をも考慮に入れなければならず、ここでは彼の行為が双方にとって受け入れられるように行動するのである。

再びフルボトンとペヨビッチの意見に従えば、この事情が、労働によって管理される企業の企業長の主要な関心（主要なモチベーション）――企業の指導者としての自己の地位の安全の確保と並ぶ自己の物質的福利の極大化――を規定するのである。

このように理解された企業長の主要な関心の実現は、企業の労働者の収入の水準と、同時に投資に向けられる企業の純収入部分の大きさとに、直接依存することになる［116・438‐439］。

## (2)　Ｊ・ヴァネックの理論

労働によって管理される企業の理論の種々の代案によって補完された、ウォードの「イリリア企業」理論の最も本格的な分析は、現在生産自主管理理論の分野での最大の専門家で、チェコ出身のアメリカの経済学者、コーネル大学教授、参加経済と労働によって管理されるシステム研究国際プログラム座長J・ヴァネックの主著『労働によって管理される市場経済の一般理論』（一九七〇年）、『労働によって管理される経済』（一九七七年）、その他一連の著作の中でなされている。

ヴァネックは、自著『労働によって管理される市場経済の一般理論』において「労働によって管理される企業」(1)――資本によって管理される会社で生じる状況とは異なり、そこに働くすべての者が、「家」または「家」の一部の所有権をもった何らかの「住人」がいるかいないかにかかわりなく、自分の「家」の主人であるような企業――のミクロ経済理論を作りあげるにあたって、ドーマー、フルボトン、ペヨヴィッチにつづいてウォードの「イリリア企業」の理論に注目した［92：1］［67：xiii-xiv］。

ウォードによってなされた仮定を再現するとともに（若干の例外を除いて）、彼によって適用された経済分析の新古典派的ツール（なによりもまず生産関数の数学的装置）を用いて、ヴァネックは次のような結論に達した。

**第一の結論**　他の企業に比べて不平等な「外的」条件（資本、テクノロジー、信用への、すべての企業にとって平等なアクセスの欠如、市場への自由な「参入」やこれからの自由な「退去」の欠如、その他）に置かれた労働によって管理される企業は、ウォードが正しく指摘しているように、資源の最適分配――いわゆるパレート効果（あるいはパレート最適）――を保障することができない［90：

17]。

**第二の結論**　他の企業と同等な条件（「市場で活動しているすべての企業にとって同一の価格および条件で自由市場で商品を購入し、販売する可能性」(2)、「同じ技能資格の労働者の所得の均等化、したがってまた労働資源の分配の構造的効率を保障する、自由に市場に参入したりそこから退去したりする可能性」、すべての企業にとって平等な金融条件での「資本の貸借」の可能性、その他）に置かれた、労働によって管理される企業は、効率水準のパレート最適を達成することができる［90：16-18]。

すでに一九五七年に、ノーベル経済学賞受賞者P・サミュエルソンも、「完全競争」の条件のもとでは、資本が労働を雇っているか、あるいは逆に労働が資本を雇っているかということは意味をもたない、と指摘して同様の結論に達していた。「自主管理問題にかんするあらゆる文献が、概してこの〔サミュエルソンの―引用者〕結論に触れなかったことは驚くほかない」［23：9]。

**第三の結論**　他の企業と同等な条件に置かれ、しかも――これが重要なことだが――国民経済の「民主的セクター」に奉仕する「支援組織」（銀行、コンサルタント・サービス、学習・教育センター、その他）をもっている、民主的な基礎の上で労働によって管理される企業（ビュシェが労働によって管理される企業を規定したようなたんなる「企業における共和制」だけでなく、「企業における民主的共和制」が存在する場合）は、多くの経済指標、とりわけ社会経済的指標で（資源分配の効率、経済成長の能力、とくに短期的に見た生産物供給の「柔軟性」の程度、その他いくつかの指標を除いて）、競争者を凌駕することができる［90：29］［92：403］［141：157］。

とくにこのことは、一九九一～九二年に、先に触れた、参加経済と労働によって管理されるシステムの問題にかんする国際研究プログラム(3)の共同研究者（K・ハーン教授、D・ジョーンズ教授（イギリス―アメリカ）、M・ウヴァリッチ教授（イタリア）、H・エスピノザ博士（チリ）、S・エストリン教授（イギリス）、その他）の研究を利用して、ヴァネックと本書の著者とによってなされた、一一のタイプ（変種）の企業（経営システム）の一二の指標（特徴）にかんする比較分析がよく示している。

この研究の結果は表1のとおりである。

この表から明らかなように、「最適な」内部組織をもち、外部の「支援組織」によって支持された、民主的な基礎の上で労働によって管理される企業は、他のタイプ（変種）の企業（経営システム）に対して次のような潜在的メリットをもっている（この表の準備のさいに利用された理論的・経験的研究を進める中で得られた結論に従えば）。

**経済的メリット**　より高い労働モチベーション、民主的に管理される企業の優越性は主として中小規模生産のレベルで現れるがゆえに巨大物《ギガント》マニア〔企業の大規模化への志向〕や生産の独占化への志向が弱いこと、その他表1に示されているいくつかのメリット、またこの表にはないが、まず第一に労働者を監視（モニタリング）する管理職員の数が少なくてすむこと（多くの場合、これは相互に監督し合う労働者自身によって行われ、なによりもこのことが企業のモニタリング・コストを大幅に削

## 表1　企業（経営システム）のタイプとその効率性の指標*

符号

A　資源分配の効率
B　モチベーション効率
C　所得分配における公正の程度
D　資本利用効率
E　生産の管理とその成果の分配への労働者の参加の一般的効率
F　雇用の保証
G　リスクの分配
H　生産の独占化に対抗する傾向
I　成長能力
J　エコロジーへの作用
K　労働者の教育・啓蒙
L　生産と社会全体の関係の「人間化」の達成への作用

| 企業（経営システム）のタイプ | A | B | C | D | E | F | G | H | I | J | K | L |
|---|---|---|---|---|---|---|---|---|---|---|---|---|
| 権威主義的管理システムをともなう資本主義企業** | 1.5 | 2 | 3 | 2 | 3 | 3 | 1.5 | 2-3 | 1 | 3 | 2-3 | 2-3 |
| 管理への労働者参加をともなう資本主義企業 | 1.5 | 1.5 | 2 | 1.5-2 | 2 | 1.5 | 1.5 | 2-3 | 1.5 | 2.5 | 1.5 | 1.5 |
| 利潤への労働者参加をともなう資本主義企業 | 1.5 | 1.5 | 2 | 1.5-2 | 2.5 | 2 | 2 | 2-3 | 1.5 | 3 | ? | ? |
| 資本への労働者参加をともなう資本主義企業 | | | | | | | | | | | | |
| 50％以下 | 1.5 | 2 | 2 | 1.5-2 | 2.5 | 2 | 2 | 2-3 | 1.5 | 2.5 | ? | ? |
| 50％以上 | ? | ? | ? | ? | ? | ? | ? | ? | ? | ? | ? | ? |
| 100％ | 1.5 | 1.5 | 1.5 | 1.5 | 2 | 1.5 | 3 | 1.5-2 | 2 | 2 | 1.5 | 1.5 |
| 管理・利潤・資本への労働者参加をともなう資本主義企業 | 1.5 | 1.5 | 2 | 1.5 | 2 | 1.5 | 2 | 1.5 | ? | 2 | 1.5 | 1.5 |

（つづく）

| | | | | | | | | | | | | |
|---|---|---|---|---|---|---|---|---|---|---|---|---|
| 国家資本主義計画経済で機能する権威主義的管理システムをともなう企業 | 3 | 3 | 2 | 3 | 3 | 1 | ? | 3 | 1.5 | 3 | 2-3 | ? |
| ユーゴスラビア型の自主管理企業 | 2 | 1.5 | 1.5 | 1.5 | 2.5 | 1.5 | 1-1.5 | 2.5 | 2 | 1.5 | 2 | ? |
| 孤立して機能する民主的な基礎にもとづき労働によって管理される企業 | 1.5-2 | 1 | 1 | 1 | 1-1.5 | 1 | ? | 1 | 2-3 | 1.5 | 1.5 | 1 |
| 「最適な」内部組織と外部の「支援組織」をもつ，民主的な基礎にもとづき労働によって管理される企業 | 1-1.5 | 1 | 1 | 1 | 1 | 1 | 1 | 1-1.5 | 1 | 1-1.5 | 1 | 1 |

(評価等級　1:非常に良い　2:良い　3:悪い　?:不明)

＊ 実態調査および理論的研究にもとづいて得られたもの.

＊＊ 資本主義企業というのは,資本の所有者が決定の採択を独占している企業のこと.

(出所)　[168:8-10],[210: 22-27][93:156-157].

減する）、その他。

**社会的メリット**　国家官僚や労働市場が行うよりもより公正な、労働者間、また労働者と企業管理部とのあいだでの所得の分配、より大きな雇用保証（このタイプの企業では、労働者の解雇は、他のいかなる方策によっても企業の存続が不可能な場合にのみ行われる）、生産における社会的あつれきがより弱いことなど。

民主的な基礎の上で労働によって管理される企業の潜在的メリットを、ヴァネックは、まず第一に、このタイプの企業の内的組織の特質、その基礎に置かれた基本原則と結びつけている。

ヴァネックの理論によれば、そこに働いているすべての人が、働いている限り、企業の管理権をもつ。企業の管理は、労働者によって、直接民主主義（企業活動の主要な戦略的な問題にかんする決定の採択のさいに）にもとづいて、また経常的な決定が、労働者によって選挙され監督を受ける労働者の代理人（企業の企業長を含む）によって採択される場合には代表民主主義にもとづいて行われる。決定は労働者により、「一人一票」という民主的な原則にもとづいて(4)、採択される［89：38-39］。

労働者は、資本によって管理される企業でも生じるように、企業の資産（資本）の所有権をもつからではなく、生産過程（具体的な経営主体の枠内で）に従事する人間の「人格権」にもとづいて、経済権力を獲得する［67：xiii］。

ヴァネックは、「生産手段をもっている者が生産をコントロールし、それを用いてつくられた生産物を取得する」という伝統的な所有概念に、生産自主管理の条件のもとでの新しい所有概念を対置している。

この概念は、生産手段の「名義上の」所有者と、それを動かし、それを用いて生産物を生産するすべての人々とのあいだでの所有権の分割という命題にもとづいている(5)。こうした分割の結果、自主管理企業の労働者は、「その労働の果実に対する排他的で奪いとれない所有権（usufruct ownership）を獲得する(6)。一方、生産手段の「名義上の」所有者は、労働によって管理される企業の労働者の利用・処分に引き渡した生産手段の価値の補填分に対する、またこの生産手段を用いて得られた所得の一部に対する（法律または「生産手段の所有者と利用者」との特別な協定で規定された規模・手続き・条件で）所有権を受け取るが、これは生産とその成果の分配へのコントロールに対する権利ではない［88：78、80］［92：1-5］。

こうしたコントロールの権利は、民主的な方法で活動し、また生産手段の「名義上の」所有者に対して引き受けた義務（労働者の利用と処分に引き渡す契約を結んだ時点での生産手段の価値の維持など）を遂行するという条件のもとで、完全な活動の自由をもつ「企業の労働者共同体」に属する。

企業が義務を果たさなかった場合には、法律により規定され、また協定の条件によって定められた規模の制裁を受ける。「名義上の」所有者が国家である場合には、国家は企業の自治権を制限する（完全または部分的に）ことができ、「経済的健康を回復させる」措置をとる。例外的な場合には、企業が解散されることもある［90：200-201］。

自主管理企業の労働者と借入資本の所有者との関係も同様である。この所有者は標準的な銀行金利に当る利子を受け取る権利だけをもつ。

この結果、「資本が労働を雇う」のではなく、売買の対象であることを止めた労働が、「過去の労働の産物」である資本を雇い、民主主義的な基礎の上で企業管理を行う場合、企業レベルでの生産に、原則的に新しい状況がつくりだされる（あるいはつくりだされる可能性がある）［88：38-39］とヴァネックは見なしている。

生産の管理とその成果の分配の民主的な組織化は、ヴァネックによれば、最大の効率と労働の質とを保障する主要な要因の一つである。なぜなら、「こうした状況のもとでは、労働者は、彼らの勤労努力がしかるべき収入の増大をもたらすことを知っていて、おそらく最も精力的に働くであろうからである(労働者が固定された賃金を受け取る雇用労働者である場合には、こうした状況は失われる)」(7)［88：38-39］。

　ヴァネックが労働によって管理される企業の潜在的メリットと結びつけているもう一つの要因は、伝統的な企業――資本によって管理される企業――の主要な目標とは原則的に異なったこうした企業の目的関数である。通常の企業の目標は利潤の極大化である(利潤＝総収入－労働コスト(資本による労働の雇用と関連した支出)－他のすべてのコスト)。

「利潤の極大化は働く者にとっての収入の極小化を前提とする。言い換えれば、すべての労働者は、企業の活動の主要な目的関数という見地からすれば、資本主義では負の符号をもったものとみなされるが、経済的民主主義のもとでは正の符号のもつものとされるのである。

　前者(すなわち資本主義)の場合には、私が負符号症候群と呼んでいることが起こる。負符号症候群は、資本主義体制の目的は人間の福利の極大化ではなくて利潤の極大化であるということを想起させる。これは、常にというわけではないが、しばしば、とくに長期的に見た場合には、経済における均衡と社会の健康にとってきわめて望ましからぬ結果をもたらしかねない」［168：7］。

　労働による管理に移った企業の目的関数の変化が「負符号症候群」を終らせる――とヴァネックは考えている。企業で働いている労働者一人当りの純収入の極大化が目的関数となる。

$$\left(\text{労働者1人当り純収入}=\frac{\text{総収入}-\text{賃金以外のすべてのコスト}}{\text{労働者総数}}\right)$$

「目的関数の変化によって、このタイプの企業では労働者の収入は生産コストとはみなされなくなる」〔168：40〕。これは、生産のすべての参加者の協力、彼らによる「単一チーム」――そのメンバーは自己を企業と同一化する――の形成の基礎をつくりだす。

これは、何よりもまず、労働によって管理される企業における「雇用者と労働者との紛争の消滅」によって可能となる。このことは、ヴァネックの意見では、「自主管理の最も重要な成果」である〔55：273〕。

ヴァネックは、労働によって管理される企業の潜在的メリットを強調しながらも、生産における自主管理の実際上の問題点についてもこれを見過していない。

これらの諸問題の中で、マクロレベルのものとしては、ヴァネックは次のものを挙げている。

(1) 生産自主管理にとって「好ましからぬ」資本主義的な経済的・文化的・知的・イデオロギー的環境。こうした環境の中では、その潜在的優越性にもかかわらず、民主的な基礎のもとで労働によって管理される企業が生きていくのは容易ではない。現代社会では、民主主義は政治の部面でのみ存在している（経済の部面ではミクロレベルでの民主主義の「島」「オアシス」があるだけである）――とヴァネックは強調している。「われわれの共和体制は、政治的決定の採択は民主的な方法で行われるが、経済的決定の採択は権威主義的になされる、という状態にある。……完全な民主的自主管理の課題はこの種の分裂症的〔二分的－引用者〕状態を除去することであるが、この課題は容易なものではない」〔89：2〕。

(2)「企業管理の民主的で……合理的な性格と市場関係の『盲目的』・自動的でしばしば破滅的な性格との不調和」の存在［90：3］。

産業民主主義の問題点の中で、ミクロレベルのものとしては、ヴァネックはとくに次のものを挙げている。

(1) テクノロジー、資本、信用への、労働によって管理される企業を含むあらゆる企業にとっての平等なアクセスの欠如［88：38-39］。

(2)「外部からの投資を引き入れる必要性と完全な独立を維持しようとする志向とのジレンマの存在」［90：199］。

(3) リスクの問題。ヴァネックが最近の著作の一つで指摘しているところによれば「……標準的な経済学の教科書では、われわれはしばしば、まさに資本家が企業のあらゆるリスク負担を引き受ける、といった文章を読むことができる。ところが実際には、典型的な労働者のリスクは資本所有者のそれよりはるかに大きいことに気づく。資本家は、何らの制限もなしにさまざまな企業に資金を投じることができ、リスクをより容易に処理することを可能にするような恒常的な所得によって、しばしばはるかによく保障されている」(8)［234：85］。

こうした問題の可能な解決として、ヴァネックはとくに次の二つを挙げている。

第一の解決。市場により大きな競争可能性を与え、労働によって管理される企業により大きな安定性を与えるために、民主的な契約的計画化を導入する［234：79、85］。

第二の解決。労働によって管理される企業によって、リスク問題の解決を含め、新しく創設されたか、あるいはまた活動中の、民主的な生産管理システムをもった企業を援助するための「支援組織」をつくる［234：85-86］。

## (3)　労働によって管理される企業の諸問題をめぐる論争

ウォード、ドーマー、フルボトン、ペヨヴィッチ、ヴァネック、またその他一連の生産自主管理問題の研究者（B・ホルヴァート、J・ミード、D・エラーマン、その他）の理論的研究は本格的な論争の的となった。

論争参加者のあいだには、稀な例外を除いて、国民経済の中のいかなる経済単位を労働によって管理される企業と認定しうるかという問題ではなんら本質的な意見の違いはない、ということを論争は示した。政治の部面で「国の全人民」がやっているのと同じように、直接民主主義および代表民主主義にもとづいて企業の管理を行う（法律、特別な協定、企業の定款、団体協約で定められた範囲で）、そこで働くすべての者に（「企業の全人民」に）その権力が属しているような企業が、そうした企業と認められる［110：45］。

労働によって管理される企業と、資本――私的資本および国家資本――によって管理される企業とを原則的に区別する基準を決定するさいにも、本質的な意見の違いはない。前者の場合には「労働が資本を雇い」、後者の場合には「資本が労働を雇う」。この結果、生産における関係は支配と従属の関係という性格を帯びる（労働が主人で資本が使用人、あるいは逆に資本が主人で労働が使用人）［26：93］。「資本主義が資本主義であるのは、私的企業や自由市場があるからではなく、多くの場合、資本が労働を雇い、その逆ではないからである」、とエラーマンは指摘している［26：93］。

労働によって管理される企業の目的関数を決定するさいに、若干の意見の違いが現れた。論争の参加者の一人で、生産における自主管理理論の分野での有名な専門家であるホルヴァートはユーゴスラヴィアの「労働者自主管理」の経験の分析にもとづいて、実際には自主管理企業の労働者は、労働者一人当りの企業の純収入の極大化（最初にウォードによって述べられた仮説的命題）をはかろうとはしない――なぜなら企業の純収入は結局のところその労働者のあいだで分配されるということを知っているからだ、という結論に達した。

ホルヴァートによれば、自主管理企業の労働者は「期待収入」の取得を目指す。この収入は「固定報酬」（たとえば前年得られた収入の規模での）と「変動報酬」（自己の収入の期待される伸び）という二つの部分から成る。労働者の意思を体した労働者評議会は、企業の執行権力機関にそれに応じた指示を発する。企業の執行機関は、受け取った指示を実行するが、しばしば信用を受けたり、企業にとって否定的な危険をはらんだ別の行動をとらざるをえない時もある［36：275-276、310］。

しかし最も激しい論争は、次のような問題をめぐって展開された。

自主管理とより狭い意味での――法律的な意味での――所有

労働によって管理される企業の潜在的メリットと欠陥
労働によって管理される企業が直面するかもしれない潜在的な諸問題
問題解決の可能な道

### 自主管理と所有

労働者による自分の企業の資本所有は、民主的な基礎にもとづく生産自主管理の必須の条件なのかそうではないのかという問題をめぐって、論争の参加者の立場は三つに分かれている。

第一の立場は、自分の企業を管理する労働者の権利を資本の所有からではなく、彼らの労働機能の遂行から導き出している［21：14］［32：35］［40：47］。

こうした立場の支持者たちは、自主管理企業における決定採択の権利の資本所有からの分離というテーゼにもとづいている（こうした所有の主体となりうるのは、国家、労働者が参加した私的資本の企業の持主、その他の法人・自然人である）。

この分離の結果、彼らの意見によれば、自主管理企業における生産関係は、「決定採択の権利が生産手段の私的所有の上に打ち立てられ、管理が直接または間接に資本所有者によって行われる資本主義企業の組織」とも、また「生産手段の集団的所有が、国家によって任命される管理部の手で企業を管理する権利を国家に引き渡すことと理解される」ような、国有企業の管理組織システムとも、原則的に異なっているのである［163：132］。

二人のフランスの生産自主管理問題の研究者N・ドールとA・デュマも、社会的所有のもとにおかれた生産手段を利用して、労働によって管理される企業が機能するとする見地をとっている。彼らの意見によれば、労働によって管理される企業は（生産自主管理システム全体がそうだが）「次の三つの特徴をもっている。

① 生産手段〔企業の－引用者〕は個人またはそのグループの側からの私的取得の対象ではない。

② 生産手段は全体としての社会に属する。国家はたんにその保証人にすぎない。

③ 社会は国家（国家機関）を通じて生産手段を企業の労働者に引き渡す。そして労働者はこれを利用し、直接それを管理し、この生産手段によって所得を引き出すが、このさい彼らはその生産手段の所有者にはならない。……

労働者が集団的に企業家機能を果たすのは、彼らが生産手段をもっているからではなく、それを利用し、また国家によって代表される社会に社会的資本に対する納付金（ヴァネックの用語を用いれば、賃借料）を支払うことによってである。……

確かに、自主管理企業の労働者に委ねられる生産手段は、彼らによって集団的に実現される。個々の労働者は、社会的資本を集団的に処分する権利、また企業の所得における自分の取り分を個人的に受け取る権利をもつが、それは企業の集団の一員となることによってであり、企業を辞めればただちにこの権利を喪失する。

自主管理企業の労働者は、生産物の生産や生産成果の分配にかかわるあらゆる問題を決定することができる。このさい彼らは、社会の財産である固定資本を保全し、企業の収入の中から減価償却のための資金を控除する義務を負う」〔21：14-16〕。

第二の立場に属する論争の参加者たちは、生産における自主管理を、企業の資本の全労働者または大部分の労働者の「集団的」あるいは「個人的所有」への移行と直接結びつけている(9)〔173：70-71、102〕〔238：34〕。

第一のケースは、いわゆる労働者（産業）協同組合、その他の組織的＝法的形態をとった労働の統合である。

こうした統合のメンバーとなりうるのは、その生産活動または他の経済活動に直接労働参加し、すべてのメンバーにとって同一の納付金（これは個人資金の協同組合への貸付け、また協同組合メンバーの個人貯蓄の他の投下形態と同様に、「企業への投資」とみなされ、加入金を支払った者は企業の債権者とみなされる）を支払った（一度に、または賦払いで）市民である(10)。

労働者（産業）協同組合、その他の組織的＝法的形態をとった労働の統合のメンバーとしての労働者は、「一人一票」の原則にもとづく直接民主主義および／または代表民主主義の形態で、生産の管理とその成果の分配を行う。（これによって、彼らが採択した決定がもたらしうるすべての結果、またそれにかかわるすべてのリスクに対して責任を負う）。

この種のタイプの企業における労働者による経済権力の行使は（労働者のメンバー資格が、〔次に見る〕企業の資本における彼らの持ち分の存在によって規定されている企業で生じる状況とは異なり）、自分たちの労働機能の遂行（すなわち労働者の個人的権利）と企業の一員であることとにもとづいている。

第二のケース（論争参加者の一部が生産における自主管理を、企業の資本の、大部分の労働者の「個人的所有」への移行と直接結びつけているケース）は、いわゆる「所有者としての労働者によって管理される企業」あるいは「決定採択の分野での権利が資本への参加から生じ、通常、払い込んだ資本に応じて株主にのみ（全労働者にではなく）固定されている」ような企業として規定される、「労働者資本によって管理される企業」である(11)［274：84］。

第三の立場の本質は、生産自主管理は、決定採択権が所有から分離している場合にも、この二つが結合されている場合にも生じうる、とする点にある［110：46］［27：74］。

このような立場の概念上の基礎づけとなっているのは、エラーマン（アメリカ）の「民主的企業」の理論である。この理論に従えば、二つの形態での「民主的企業」——「労働によって管理される民主的企業」（"the democratic labor-based firm"）と「労働者に帰属する民主的企業」（"the democratic worker-owned firm"）——は二つの原則にもとづいている。

第一は、「政治の面にも、経済の面にも存在する人民の自然的で奪うことのできない権利としての自治権」にもとづく「民主的な自己決定の原則」。

第二は、「人民は、利益が出た場合でもそうでない場合でも、自己の労働の果実に対する自然的で奪うことのできない権利をもっている」とする「勤労的所有論」の原則である［27：9、68］。

エラーマンの「民主的企業」の理論に従えば、「労働者に帰属する民主的企業」の労働者=株主（出資者）は、「労働によって管理される民主的企業」の資本所有者でない労働者と同様、そこで働いているという事実そのものによって自分の企業の一員である(12)。企業の資本への参加は、労働者に、たんに企業の資産と負債に対する権利、また企業に投じられた（投資された）資金に対して利子を取得する権利を与えるにすぎない［27：74］。

**自主管理への賛否両論の論拠**

論争の過程で、民主的な基礎にもとづいて労働によって管理される企業の次のような主要な潜在的メリットが明らかになった。

❶より高い積極的な労働のモチベーション、したがってまたより高い労働生産性と労働の質。その原因として、次のことが挙げられた。

■労働者の収入と企業の活動結果との直接的結合。これは、企業の首尾よい活動への労働者の直接的関心を保障するだけでなく、「労働者と企業の利益の同一化」のより高い程度をも保障する。これが労働者をより高い生産的労働へと仕向け、これはこれで「X効率」（「労働者のモチベーションと努力にもとづく効率」）の増大に導く。

■決定採択過程への労働者の引き入れ。これもまた「労働者と企業の利益の同一化」を促進し、そのほかにも企業に対する労働者の行動に、規律を強める方向での作用を及ぼす。

❷ 労働者の個別的モニタリングへの企業の支出がより少い。労働者は、自分たちの果たすべき義務の遂行を相互にコントロールする。すでにA・マーシャルが述べたように、「彼ら自身の管理者や職長に対してその使用者であり親方であり」、「事業を管理する高次な役割が廉直に有能に行われているかどうかをかなりよく判断する力をもっており、細かい運営が放縦にながれたりへたなやり方をされていないかどうかを知る最善の機会をもっている」ような企業の労働者は、「他の事業所では必要なような、監督という細かい仕事のあるものを不必要にしている。彼ら自身が事業に金銭上の利害関係をもち、彼ら自身の事業の成功に誇りを感じているので、彼らの誰もが自分にせよ仲間にせよ仕事をなおざりにすることを嫌うからである」［289：299］。

❸ より小さな所得格差。これは企業内の紛争の減少に寄与し、労働者により「建設的な」行動を促す［274：82］。

❹ より大きな雇用保証。労働によって管理される企業では、「労働者は自分の同僚を解雇したがらないことから、労働者の解雇はきわめてむずかしくなる。その結果、企業は労働者の解雇よりもむしろ賃金の引き下げの方を選ぶ」［36：316］。

資本が労働者の所有に移る場合に得られる、この種のタイプの企業の追加的な潜在的メリットとして、論争参加者で現存（資本主義）制度の支持者たちは、「勤労住民の広範な層を資本主義体制に引き込む」効果的なメカニズムとして役立つ、という産業民主主義の機能を挙げている［166：318］。論争の参加者によって（主として生産自主管理の反対者の中から）、生産における自主管理に反対する理論的根拠も提出された。その中ではとくに次のような指摘がなされた。
■なによりもまず、「決定を採択する人々の数の増大が、その執行へのコントロールのための費用を増大させる」という理由による――とM・エンセンとW・メクリングがみなしている――、「グループ的イニシアチブの不効率性」［47：185］。
■「管理部や管理における勤労者代表機関を選出するさいに、企業が政治闘争の舞台と化すおそれ」［183：63］。
■自主管理の導入の結果としての「労働支払規律の弛緩」。自分の部下たちによって選ばれた「上司」はどうして彼らに反対できようか？「彼は賃金の凍結といった不人気な方策をとることができるだろうか？」［183：63］。
■労働者によってなされる、長期的利益よりも短期的利益の優先［184：126］［33：38］。
■「内部」投資の不十分な規模と、「外部」投資、銀行信用引き入れの困難による、またそれが企業における雇用の減少につながるのではないかという労働者の懸念による、先進技術やハイテクノロジーのより緩慢な導入。
■「資本主義企業からより高い報酬の提示を受て辞めてゆく高級マネージャーを……引き止めることができないこと」［217：424-425］。

**自主管理の問題点**

労働によって管理される企業の潜在的欠陥を指摘している論争の参加者たちは（生産自主管理の支持者もその反対者も）、これらの欠陥を、彼らの意見によれば、ミクロレベルでの生産における自主管理への移行のさいに生じるかあるいは生じる可能性のある、一連の問題点と関連づけている。

彼らは、生産自主管理の問題点を二つのブロックに分けた。労働によって管理される企業の「内的問題」のブロックと、この種のタイプの企業とそれを取りまく環境――経済的・社会的・政治的・文化的環境――との相互関係という「外的問題」のブロックとである。

労働によって管理される企業が直面する可能性のある「内的問題」には次のようなものがある。

❶「経済学文献」でよくいわれる「タダ乗り」(free rider) 問題。問題の本質は（企業の純収入がそこで働いている者全員に分けられる、労働によって管理される企業の特質を考慮した場合に）、個々の労働者の中に、いかなる追加の努力も払わずに、他の労働者の尽力の果実を利用しようとする誘惑が現れる可能性がある、という点にある。企業の他の労働者もこの誘惑に負けることになれば、結果は明らかである――労働生産性の低下、企業の収入の減少などが生じる［96：98-100］［47：187、211］。

❷多くの論争参加者の意見によると二つの原因から生じる「投資不足」問題。第一の原因。自分の企業の資本の所有者でなくても、生産過程に参加している労働者は、企業の純収入を取得する権利を得る。企業を辞めれば、彼らは「企業の将来のすべての収入に対する権利を失う」［21：16］。

こうした状態に置かれた労働者は、おそらく、しばしば企業への投資を犠牲にして、自分の現在の収入を極大化しようと努めるであろう。個々の論争参加者、とくにD・M・ヌチ（イタリア）の意見によれば、労働者による自分たちの収入の「食いつぶし」の問題は、次のようなケースでは、労働者が自分の会社の株主であるような場合でも起こりうる。

すなわち、(a)労働者が、賃金基金における自分の取り分に比べて、会社の株式資本への参加のより小さな個人的持ち分しかもたない場合。「労働者かつ株主として登場する者は、$L_i/L > C_i/C$（ここで$L_i$と$C_i$は、総労働支出における個人的労働貢献の割合および企業の総資本における個人的出資の割合）という条件のもとでのみ、賃金の引き上げから純収入を受け取ることになろう」。(b)［インサイダーの持ち分を一定とした場合に］労働者＝株主の数が企業の株主でない労働者の数を上まわっている場合［274：85］(13)。

第二の原因。潜在的な外部投資家は、伝統型の資本主義的企業との取り引きの方を好む。なぜなら自主管理企業は、それをコントロールのもとに置こうとしてもなかなかむずかしいからである。

これらの論争参加者の意見によれば、「投資不足」（資本の欠乏）は、労働によって管理される企業のおそらく主要な「弱点」であり、こうした企業は、この理由のために、自己の経済活動の部面を主として労働集約的な経済部門に限定せざるをえないのである［274：83］［20：307-308］。

❸リスクの分散（分配）の問題。この種の問題もまた——論争の一連の参加者が指摘しているよ

うに――労働によって管理される企業によっては解決困難な問題に属する（J・ミード、K・フラキエルスキ、その他）。

ここでは次のような論拠が示されている。すなわち、資本によって管理される企業では、労働によって管理される企業におけるよりも、他の資本投下部面に投資を行う可能性が大きい、ということがそれである。

ノーベル経済学賞受賞者のミードが指摘しているところによれば、「私的所有者は、自分に属する資本の若干の部分を経済活動の他の対象に投じることによってリスクを分散できるのに対して、労働者はこのような可能性をもたない。おそらくまさにこのために、リスクに対処しえない労働が資本を雇うよりも、よりしばしば、リスクに強い〔言い換えれば資本の分散の問題を解決した－引用者〕資本が労働を雇うという結果になっているのである［130・426-427］。

❹労働者が、企業で働く労働者の解雇に否定的な態度をとりながら、同時に、自己の企業の純収入の分配に参加する者の数を増やそうとしたがらないことから、労働によって管理される企業では雇用の増大が制限されるか、あるいは増大がなくなってしまうという点に現れている、労働の配分（分配）の問題［274・83］［36・316］。

❺生産における民主主義と管理的決定の採択のさいの専門的知識（プロフェッショナリズム）とのあいだの「バランス」の問題［63・96］。

❻名目的に労働によって管理される企業で、実質的な決定の採択が経営陣によって独占される潜

在的危険性。これは次のことから生じる。(a)「知識の担い手」としての自己の優位性。「自主管理は指導的エリートの発生を妨げない。企業が相当な規模と技術装備とを達成するやいなや、その管理は、専門的知識と教育とがそれへのアクセスを可能にするような、選ばれた範囲の人々の特権となる」[85：211]。(b)企業管理の問題での労働者、またしばしばその代表者の不十分な専門的知識。(c)経営陣に対するコントロールの弱さ、管理的決定の採択への労働者とその代表者の参加の形式的性格。

❼労働者集団（多数者）の圧力（束縛）から個々の労働者、個々の労働者グループ（少数者）の権利と自由を擁護する問題。集団は「集団的＝コーポラチズム的利益のために、あるいは集団の枠内で特別な地位を占める何らかのグループの利益をはかって」私的所有者よりもいっそう厳しい形で個人の合法的権利や利益を抑圧する可能性がある[259：110]。

論争参加者の一部は、彼らの意見によると、資本が労働者の所有に移る場合に労働によって管理される企業が当面するかもしれない、三つの追加的な問題点に注目している。

第一は、こうした移行のさいに企業が支払わなければならない高い転換コスト（まず第一に財務的性格の）の問題である[61：3-4]。

第二は、自己の企業の労働者＝株主（出資者）にとっての金融リスクの問題である。「労働者は物理的に自己の労働力の使用を種々の部門や企業に多角化できないで（資本家が自己の資本を多角化できるようには）、『一連托生』の状態に置かれることから、彼らは失業のリスクを負うだけではない。もし企業が倒産すれば、彼らは仕事だけでなく、貯蓄をも失いかねないのである」[274：83]。もちろんこれは、企業の資本をその労働者の所有に移すことへの多くの原則的反対者が描き出そうとしているように、企業で働いていた期間に得た賃金総額に比例して、家具や別荘や自動車やその他の労働者の個人財産を没収されるかもしれない、ということではない。しかしいずれにせよ、金融リスクの程度は依然としてかなり高いものである（労働者に属する株式の減価、持ち分の喪失など）。

第三は、あれこれの原因、まず第一に経済的な理由から、自分の企業の株主（出資者）とはなっておらず、もしも企業管理の民主的原則が侵害されるような場合には「生産における第二級の市民」となるリスクを負った労働者が当面するかもしれない問題である［88：54］。

労働によって管理される企業が直面する可能性のある「外的問題」には次のようなものがある。

❶ 社会において支配的な資本主義的諸関係をつねに再生産し、それゆえに「本能的に異種の組織を拒絶する、ある種の臓器移植を受ける有機体のように」［217：425］反応する、労働によって管理される企業の形成とその首尾よい発展にとって好ましくない経済的・社会的・文化的環境の存在。

❷ 若干の論争参加者の意見によれば、マクロレベルでの生産自主管理の欠如が、労働によって管理される企業の「労働者共同体」（労働集団）に新たな困難をつくりだす。とくに「自分たちの経営上の決定を市況に従属させなければならない」［181：23］が、このことは、「労働者共同体の経済的主権」を大幅に制限するだけでなく、労働によって管理される企業の労働集団を、「自然発

生的に、またその背後で形成される部門やマクロ経済レベルでの価値＝価格的再生産連関の人質」にもしてしまうのである［249：73］。この問題を検討した一部の論争参加者は、次のような悲観的な結論に達した――「マクロレベルでの自主管理なしに労働集団での自主管理を発展させようとすることは、市場や貨幣のない経済で株式会社をつくる試みと同様に非効率的である」［167：12］。「自主管理はグローバルなものになるか、さもなければまったくなくなってしまうであろう」［14：316］。

❸労働によって管理される個々の企業の利益と社会全体の利益との調和の問題（経済的民主主義――ミクロ・メゾ・マクロ経済の部面での民主主義――の制度を打ち立てるさいに生じる）。ドールとデュマが指摘しているところによれば、各種の生産自主管理理論は、その多くが、自主管理企業の利益と社会の利益との一致という絶対的に非現実的なテーゼに立脚している［21：17］。この点について、『社会主義者への公開状』の中で、M・デュヴェルジェは次のように書いている――「自主管理はコーポラチズムと結びつこうとしてる。ここにその基本的な難点がある。それは結局のところ、自主管理企業が、集団的領主の手にある一種の城のようなものになる封建的社会主義に導くことになろう。当然ながら領主はまず第一に自分の領地のことを考えるであろう」［24：117-118］。

## 問題解決の道

論争の中で、労働によって管理される企業が直面し、あるいは直面しうる問題解決のため、練り上げの程度は異なるが、少なからぬ提案がなされた。

とくに「内的問題」の解決にかかわっては、われわれの見るところ、次のような提案が最もよく練り上げられていると思われる。

第一の、生産における民主主義と管理的決定の採択のさいの専門的知識とのあいだの「バランス」を見い出すことにかんする、ホルヴァートが述べた提案。

ホルヴァートは、企業の管理システムにおける労働者、労働者評議会その他の労働者の代表機関の権限と職業的マネジャーの権限の分野を分けることを提案した。その目的は、労働者やその代表機関をあらゆる管理的決定の準備と採択に加わる必要から解放し、それによって企業の労働者とその代表機関に「政治的決定」――企業の活動とそこでの労働者の地位の主要な、戦略的な問題にかかわる決定――の採択に自己の努力を集中できるようにすることである。

採択された「政治的決定」は、「企業の集団によって政治的決定を技術的決定に変えることを委ねられた、たんなる執行委員会である」企業の管理機関にとっての指令となる。ホルヴァートによれば、この技術的決定の遂行が職業的管理者の仕事である［36：38-40］。

ホルヴァートによって、彼の「労働者管理組織」理論の枠内で提案された構想に従えば、一方での労働者や労働者評議会の権限の分野と、他方での職業的経営者や執行委員会の権限の分野は次のように分けられている［35：292］。

| | 権限の分野 |
|---|---|
| (1) 労働者と労働者評議会 | ① イニシアチブ（問題点の明確化）<br>② 決定の採択（種々の代案の選択）<br>③ 遂行へのコントロール（および、場合によっては採択された決定への修正） |
| (2) 職業的経営者と執行委員会 | ① イニシアチブ（問題点の明確化）<br>② 決定の準備（種々の代案の策定）<br>③ 決定の遂行<br>④ 遂行へのコントロール（および、場合によっては採択された決定への修正） |

第二の、名目的に労働者によって管理される企業で職業的マネジャーによって決定採択が独占される危険性の克服にかんする提案。「各人が順番に管理部の仕事が行える」ような「指導者の機能の交替制」を導入することが提案されている。これによって「指導者」と「指導される者」との差異は除去されよう。こうした提案の提案者は有名なベルギーの経済学者で政治家であるE・マンデルである[49：677]。

ローテーションの可能性については、ホルヴァートも注目している。しかし、O・I・ウィリアムソンが正当に述べているように、「実際には……ローテーションはその理想的な形では実現困難である」［217：348］。とくに――と彼はつけ加えている――小規模生産の枠を越えてこうしたローテーションを導入しようとする場合にはそうである。

J・ナジェール教授（ベルギー）によって提案された、労働者とその機関によって、中立の専門家を管理的決定の準備、採択、またその遂行のコントロールに参加させるために常勤の形で引き入れるという考え方にもとづく、上記の問題のもう一つの解決方法の方がより現実的と思われる［63：96］。しかし最も有効と見られる（とはいえ唯一のものではない）のは、他の方式を排除しない問題解決の第三の異種である。すなわちそれは、経営全般、とくに生産自主管理の基礎を労働者に教育し啓蒙する常設のシステムの組織化である（こうした提案には多くの論争参加者が賛成している）。

第三の、労働者がしばしば企業への投資を犠牲にして自己の当面の収入を極大化しようとする志向を克服するための提案。とくにT・ワイスコフ（アメリカ）とH・フラキエルスキ（カナダ）によって述べられた提案の本質は、労働によって管理される企業での内部個人口座――企業の純収入中の個々の労働者の取り分が定期的にここに振り込まれ、労働者は企業を辞める時にはじめて貨幣をそこから引き出すことができる――が、企業の投資政策の分野での決定採択のさいに、労働者の「時間的視野の拡大」を促進するであろう、というものである［276：28］［155：42-43］。

労働によって管理される企業の「外的問題」の解決にかんする提案の中では、次のものがわれわれの関心を引く。

第一に、なによりもまずその資産が国家的所有のもとにある民主的に管理される企業にとって指令性の要素をもった国家レベルでの中期的な「契約的計画化」を導入するという提案（企業の純収入の、蓄積と消費、減価償却控除への分配の基準指数の国家による制定、その他）。こうした提案者たちによれば、指令性の要素をもった「契約的計画化」の導入は、一方では、国家が、アメ（例えば税制上、信用上の特典の形で）とムチ（「計画契約」条件の企業によるありうべき不履行に対する制裁の形で）を用い、企業に自己の経済活動を行うさいに「全国家的利益」を考慮するよう仕向ける目的で、労働によって管理される企業に（同様にまたしかるべき国家機関と「計画契約」を結んだ他の任意の企業にも）有効な影響を及ぼすことを可能にする。他方で、これは、労働によって管理される企業が、その活動における「不確実性の要素」を減らし、自己の内部の諸問題等をより首尾よく解決することを可能にする［101：81］［21：107-127］。

第二に、民主的に管理される企業に、とりわけこれらの企業にとって最も困難な設立の段階で国家によって援助を与える——特恵的信用、保証、税制上の特典、民営化される国有企業の資産を賦払いで、将来の利潤によって買入れる可能性等の供与——という提案［173：43］。

## 二　労働と資本とによって共同管理される企業にかんするJ・ミードの理論

民主的に管理される企業の概念上の諸問題にかんする論争の新たな転換点は、ノーベル経済学賞受賞者であるミードが「アガソトピア企業」の理論を発表したことと関連している。

ミードは「労働と資本のパートナーシップ」（"the labor-capital partnership"）原則にもとづく、企業レベルでの生産の管理とその成果の分配の組織化の独創的な構想を提案した。著者の信念によれば、この構想は、理想的な解決を与えるものではないにしても、労働によって管理される企業の多くの潜在的メリット（より高い労働モチベーション、より公正な所得分配、生産におけるより良好な社会的雰囲気、その他）を維持し、同時に、その多くの潜在的欠陥（投資不足への傾向、リスクを避けようとする志向、企業管理の問題での労働者の不十分な専門的知識、その他）を克服することを可能にするものである［129：15］。

この構想はミードの著書『アガソトピア――パートナーシップ経済』（一九八九年）に最も展開された形で示されているが、ここでは、「話によるとそこでの生活が絶対的に完璧な基盤の上に打ち立てられているユートピア島を探しあぐねた帰路に」ミードによって「発見された」架空のアガソトピア島（古代ギリシャ語で「よい場所」を意味する）のことが述べられている。

この本の冒頭でミードは次のように書いている——「アガソトピアの住民は、彼らの島が住むのに好適な場所であることを確信しているとはいえ、完璧な社会体制をもっていると自負しているわけではない。彼らの諸制度を詳しく研究した結果、私は、彼らの社会体制はわれわれの不完全な社会で達成しうるものの中では最良のものだ、との結論に達した。私はアガソトピアの社会組織原則をぜひともわが国に推奨しようとの強い決意をもって帰国したのである」［54：1］。

ミードはこうした原則の中で、労働と資本とのパートナーシップ関係の原則に主たる地位を与えている。「労働と資本とのパートナーシップが、活動中の何らかの伝統的タイプの資本主義企業に、突然、純粋な形で導入されたと仮定してみよう——とミードは書いている——。現在、この企業の純収入の八〇％が従業員の賃金となり、二〇％が配当、利子、賃料の形で資本所有者に支払われているとする。この企業を労働と資本との純粋なパートナーシップに改造するためには、二つのカテゴリーの株式（持ち分証書の形で）を発行する必要がある。

⑴　資本証書。これは全体として企業の純収入の改造前と同じ二〇％をもたらすものであり、以前と同様に資本所有者のあいだで、企業への現在の出資に比例して分配されよう。

⑵　労働証書。これは全体として企業の純収入の改造前と同じ八〇％をもたらすものであり、以前と同様にあらゆる雇用労働者のあいだで、現在の賃金に比例して分配されよう。……

企業のパートナーシップへの改造の直接的結果は、双方の参加者が自己の現在の所得を維持するが、今やこの所得を、現在の形態の違い〔配当、賃金、賃料、その他〕がなくなった単一の質のものとして取得する、という点であろう。

いっそう重要なことは、企業の改造後は、それにかかわる全員が企業の成功に同等に関心をもち、その失敗には同等に責任を負うようになる、ということである。

それにもかかわらず、資本証書と労働証書とのあいだには本質的な差異が存在しよう。

資本証書は多かれ少かれ資本主義企業の通常の株式に照応したものとなる。それはこれまでと同様、株式市場での売買の対象であり、手から手へ、ある所得者から別の所得者に自由に移動するであろう。

労働証書は企業の具体的な労働者に強く結びつけられ、自分の意志で企業を退職するときにはそれを〔企業に－引用者〕返却しなければならない。しかし労働者が、例えば余儀なくされた生産の縮小のために解雇されるような場合には、証書は彼のもとに維持される。かくして労働者には、年金生活に入るまで恒常的な所得が保証される。

資本証書と労働証書のいずれの証書にも同一の配当がつく。その結果、証書の所有者は企業家のリスクの分担者とみなしうる」(14)〔250：128-129〕。

資本証書と労働証書の所有者は、「別々に活動しながら、同数の専従の取締役を選出する。取締役は、キャスティングボートを握る〔取締役は平等な議決権をもっているもとで－引用者〕取締役会議長を選出する。

かくして議長は、取締役会の二つの『フラクション』のあいだで紛争が生じた場合に仲裁者として現れる。取締役会はまた、企業の日常的な指導に責任を負うゼネラル・マネジャーを任命する（戦略的な決定の採択は取締役会の権限である）」［250：130］。

以上が、労働者を企業の資本には参加させずに、彼らを企業の利潤の分配（資本の所有者とともに）および決定の採択（やはり資本の所有者とともに）の参加に、引き入れようとする、ミードによって提案された構想の要点である。

【注】

（1）ヴァネックが「労働者」のかわりに「労働」という言葉を用いるのは、企業長をも含めて企業で働くすべての者を生産自主管理の主体の中に含める必要からである［92：1］。

（2）「とくにこのことはテクノロジーと資本への平等なアクセスにかかわっている。……民主的自主管理システムにもとづく企業は、すべての生産要素（売買の対象ではない労働を除いて）を競争市場で、市場のすべての参加者との対等なアクセスのもとで購入することができなければならない」［85：38-39］。

（3）この調査の実施の時点では、プログラムはコーネル大学（アメリカ）に本拠を置いていた。

（4）ヴァネックによれば、社会生活のすべての部面で（生産も例外ではない）、人々は「決定の採択に平等な影響力あるいは権力」をもつべきである（「平等の公理」）。このさい決定の採択に参加するのは「そこに引き入れられている者、また引き入れられている者だけ」でなければならない。こうした参加の程度は、「参加の強さと質」に照応したものでなければならず、その水準は、それを過ぎると「対話と参加」がおよそ不可能になるような限界を越えてはならない（「最適な参加の原理」）[92：13]。

（5）P・ロザンバロンは所有権の分割の理論の実際における適用の一例として、国際海洋権を引き合いに出している。これは「外洋が（内海と異なり）誰にも属さないからだけではない……国際海洋権は諸権利――航行権、魚類捕獲権……等々――の総体として現れているからである[70：115]。

（6）労働者は自己の労働の果実を彼らのあいだで分ける。果実の一部は個人的消費につかわれ、一部は「集団的必要」（住宅の建設、労働者の教育・啓蒙その他）に、企業の予備基金に、また投資に向けられる[92：1-2]。

（7）ヴァネックは労働によって管理される企業の基本的特徴づけを与えるさい、「利潤」という概念ではなく、「収入」という概念を用いている。なぜなら「利潤」概念は、彼の意見によれば、雇用労働システムと不可分に結びついているからである。

（8）生産自主管理問題の他の多くの研究者もこれに近い立場に立っている。とくにH・モンデロ・ド・ブルゴス（スペイン）は、自分の資本を危険にさらすという意味で投資家だけがリスクを負うのではなく、自分の仕事を失うリスクのある労働者も同様である、と指摘している[58：10]。

（9）「……雇われて働いている人々が資本の所有者か、あるいは少くとも共通財産のある程度の共同所有者にならないかぎり、彼らのもとには、この財産の保全と増大への関心も、それへの責任も生じえない。彼らは賃金の引き上げと職場の維持だけに関心があり、投資や技術的進歩や構造改編や売上げの増大には関心をもたない」[277：14]。

(10) R・A・ダール（アメリカ）は次のような構想を提案した。すなわち、納付金は「労働者内部口座の当初残高」を形成し、そこに会社の収益のうち各人の取り分に当る部分が積み立てられる（「もちろん、賃金その他の費用を支払ったのちに」）。「会計期間の終りには（例えば年度末に）剰余金（あるいは損失も」は労働者一人一人の内部口座に配分され、その貸方（または借方）に記入される」[173：104]。

(11) 論争の多くの参加者たちは、「労働者=所有者によって管理される企業」あるいは「労働者資本によって管理される企業」と、企業の資本の一部または全部を所有する労働者が企業の管理権を経営者または外部の所有者に引き渡しているような、いわゆる「労働者=資本家企業」（“the worker-capitalist firm”）とを区別している[4：15、85]。

一部の論争参加者の意見では、「労働者株主論」は自主管理思想の原則の否定を意味する。なぜなら、「株主に求められるのは、労働自主管理メンバーに求められるよりははるかに小さい程度での企業の経常的管理への参加だからである。一定の意味での自主管理の課題は、企業の活動とそれに対するコントロールとを平行して行うことにあった。ところが株主は企業管理に参加する必要はなく、管理の、つまり企業に投じた資本に対する収益取得水準の、評価の基本的な指標だけを定めればよい」[184：150-151]。

(12)「民主的企業では、雇用関係は仲間関係にとってかわられる」[27：2]。

(13)「二つの企業をとってみよう。各企業には一〇〇人が働いている。いずれの企業でも、総労働支出におけるおのおのの労働者の労働貢献は一％、そして全員合わせて一〇〇の労働支出となる。両方の場合に、インサイダー〔企業の労働者―引用者〕にそれぞれ株式の六〇％が属するものとする。

例一。すべての労働者が株主である。各労働者は資本価値の〇・六％を保有する（全部合わせて資本の六〇％をもつ）。総労働支出における一人の労働者の割合（一％）は資本〔保有の〕の割合（〇・六％）より大きい。従って、労働者の賃金への関心はおそらくより大きなものとなろう。彼は賃金の引き上げによって、株主として失う以上のものを受け取るであろうからである。

例二。労働者の五〇％だけが企業の株式の購入を決めたとする。おのおのの株式の価値は資本の一・二％である（全部合わせて六〇％をもつ）。この場合、個々の労働者=株主の資本における割合は彼の労働貢献（一％）より大きい。従って、彼の株主としての関心が支配的となろう。なぜなら彼が賃金の引き上げによって受け取るものは、株主として失うものよりも小さいからである。この例は、すべてのインサイダーが株主にならなくても、株主としての労働者の利益が、賃金取得者としての労働者の利益に優先しうることを示している。一般的に、インサイダーがもっている株式の割合を所与とした場合、労働者=株主が少ないほどその個人的割合が高くなり、彼らのより長期的な利益がそれだけ確実に優越することになる」〔274：85〕。

(14)資本と労働のあいだでの生産の成果のこうした分配の構想では、「パートナーシップは相互信頼の雰囲気のもとでのみ機能しうる」〔250：130〕。

# 第Ⅱ部　産業民主主義の実際

# 第一章　労働権にもとづく企業管理への労働者の参加

現在、世界の七〇か国以上で、所有の種類や労働者が働いている企業の組織的＝法的形態とはかかわりなく、労働権にもとづく生産の管理と生産成果の分配への労働者の参加権が法律的に定められている（オーストラリア、ベルギー、ギリシャ、デンマーク、イタリア〈憲法第四六条〉、ルクセンブルグ、マルタ、オランダ、ポルトガル〈憲法第四五条、第五五条、その他の条項〉、フランス、ドイツ、スウェーデン——以上ヨーロッパ、アルジェリア、ブルンジ、ガボン、ジンバブエ、モーリタニア、モロッコ〈鉱山業〉、スワジランド、チュニジア——以上アフリカ、パナマ——ラテンアメリカ、バングラディシュ、パキスタン、韓国、スリランカ〈社会セクター〉——以上アジア、シリア、その他若干の中近東諸国など）。

多くの諸国では、この権利は、政府決定（インド、その他）、国家的・部門間的（セクター間的）その他の協定・協約・契約の枠内で与えられている（先進国では、オーストラリア、イギリス、デンマーク、アイルランド、ノルウェー、アメリカ合衆国、スイス、日本、その他、途上国では、ボツワナ、ブラジル、ヴェネズエラ、ガーナ、ヨルダン、キプロス、マラウィ、ナイジェリア、ウルグアイ、フィリピン、その他）。

移行経済諸国を含め一〇〇以上の国々では、労働者は自分たちに属する企業の管理に、またその利潤の分配に、所有権にもとづいて参加している。アメリカだけで、一九七四年から九四年までのあいだに、議会は、労働者の株式所有を連邦レベルで促進する二五の法案を採択した。

生産の管理と生産成果の分配への労働者の参加権は、国際的レベルでは、なによりもまず世界人権宣言（一九四八年）、九八年の国際労働機構（ＩＬＯ）の「労働における基本的原則および権利にかんする」宣言、一連のＩＬＯ条約（第九八号「団結権および団体交渉権についての原則の適用について」〈四九年〉、第一三五号「企業内における労働者代表に与えられる保護および便宜について」〈七一年〉、第一五四号「団体交渉について」〈八一年〉、その他）、ＥＣ委員会の決定（八九年、九一年）やＥＣ理事会の決定（九二年）、ＥＵ理事会の指示（九四年）――ここには、八九年の「労働者の基本的社会的権利にかんする」共同体憲章の実施についての行動プログラムの枠内で、企業レベルでの管理と所有の民主化のプログラムに全面的な支援を与えることについての、共同体加盟諸国への勧告が含まれている――に定められている。

企業レベルでの、生産の管理と生産成果の分配の古い権威主義的システムから、新しい民主的システムへの移行の原因としては次のような事情が挙げられる。

**経済的原因**

■「人間 - 技術」システムにおける人間の意義の増大(1)。

■責任感が強く、創造的で、生産部面で自分の物質的欲求だけでなく精神的欲求をも実現する新しいタイプの労働者（管理的決定の採択のプロセスから完全に疎外されるとそうした労働者にはなりえない）を必要とする、革新的タイプの生産への移行という条件のもとで、労働への有効な刺激をつくる必要性。

■企業の競争力を高める必要――これもまた精神的労働モチベーション、労働者の高い勤労意欲等を保障する条件として、生産の管理と生産成果の分配への労働者の参加を必要とする。

■会社の所有者にとって社会=労働紛争の経済的「コスト」を減らすというさし迫った必要、その他。

**社会的=政治的原因**

■企業内の紛争の規模やその鋭さを減らし、労働と資本との対立を緩和する必要性。

■最近先進国や発展途上国のかなりの部分の勤労者の意識の中に生じている本質的な変化――それは、労働条件や労働組織、また労働成果の分配にかんする決定の採択はもはや使用者の排他的な特権ではないという彼らの認識に現れている――を考慮に入れる必要性（政治・経済権力の代表者にとって）。

■生産の管理や生産成果の分配での労働の役割を高めることを目ざす、雇用労働者やその組織（まず第一に労働者政党、労働組合、その連合組織）の活動、その他。

ミクロレベルでの経済権力の民主化は、なによりもまず、共同参加から共同管理へ、共同管理から自主管理へ、という企業管理への労働者（労働者およびその代表機関）の参加の程度の増大に現れている。

## 一　共同参加

実際が示しているように、共同参加は、企業の管理への雇用労働者やその代表機関の限定的な引き入れによって特徴づけられるもので、ここでは決定の採択は使用者（その代表者）の側にとどまっている。

共同参加の場合、労働者とその代表機関には次のような権利が与えられる。
❶企業の現状や、使用者（その代表者）によって準備されているかあるいはすでに採択された決定や計画にかんする情報を得る権利。
とくにフランスでは、雇用労働者五〇人以上のすべての事業所で義務的に設置すべきものとされた（一九四五年二月二二日の政府決定、四六年五月一六日および四七年五月七日のフランス共和国の法

律により修正）事業所委員会（労働者・事務員五〇人未満の事業所では事業所委員会の設置は団体協約または特別な協定によって定められうるものとされ、雇用労働者二五人以下の事業所では、すべての部類の労働者の中から単一名簿により従業員代表と副代表とが選出される）のメンバーがこれらの権利を得た(2)（一九八二年一〇月二八日のフランス共和国の法律第八二―九一五号「企業管理における従業員代表機関の発展について」〔「フランス一九八二年法」〕第一九条および第二八条）。

事業所委員会（Comité d'entreprise）委員は、事業所管理部に（あるいは「その名において活動する機関」に）保管されている「経済的・社会的情報」および自らに課せられた機能を遂行するために必要な情報にアクセスする権利（「フランス一九八二年法」第一七条、第二八条）、また会計帳簿や全体としての事業所の財務活動を監督する権利をもつ。このさい事業所委員会委員は、事業所の長が推薦した者で事業所から報酬を受ける専門家に援助を求める権利をもつ（「フランス一九八二年法」第一七条）。

そのほか、各会計年度の終りには、事業所の長は、当期の事業所の活動についての報告書(3)、また翌年度の事業所の経済的・社会的発展プランを書面で事業所委員会に提出することを義務づけられている（「フランス一九八二年法」第二九条）。

営業上の秘密にかかわる情報を知る立場にある事業所委員会委員、また労働組合代表は、これを秘匿する義務を負う（一九五八年フランス共和国憲法第四三二条―一六）。

一九八二～八三年に採択されたオルー法（この法律が準備された時のフランスの労働大臣J・オ

ルーの名から）の枠内で、労働者とその代表機関は経済情報に対するより広範な権利を得た。とくに、企業（産業グループ）のレベルでの企業委員会の創設が規定されたが、これは企業（産業グループ）のあらゆる事業所の事業にかかわる情報へのアクセスに道を開くものである。

経済情報の分野ではこれに近い規模の権利を、ポルトガルの勤労者委員会(4)、ベルギーとスペインの事業所協議会、フィンランドの従業員五〇〇人を超えるコンツェルン型企業の管理での労働者代表機関、その他多くの諸国、とりわけ先進国の労働組合やその他の雇用労働者全員の組織がもっている。

例えば、一九七六年に採択された、決定採択への共同参加にかんするスウェーデンの法律は、「団体協約を結んでいる被用者の組織に……事業所の現状について、また従業員にかかわる〔事業所の―引用者〕政策の主要方向について恒常的に情報提供する」ことを使用者に義務づけた（同法第一九条）。使用者は、このほか、「被用者の組織に、この組織がそのメンバーの共同利益を守るために必要な程度に、帳簿、報告書、その他企業活動にかかわる文書を監査する可能性を与える」義務を負う。それだけでなく、使用者はまた、労働組合が、入手した情報を吟味するために必要とみなす調査や検討のための費用を支払うことも義務づけられている。

それと同時に、この法律は、「情報提供を義務づけられた側は、他方の側にこれを漏らさないことを義務づけることができる」（同法第二一条）。スウェーデンの労働組合の見解によれば、法律のこの規定は、得た情報を専門家の助言を求めるさいに利用する可能性を奪う根拠とはなりえない。

そのほか、情報に対する労働組合の権利は、「予想される、あるいはすでに起こっている労働紛争で意義をもつような他方の側〔すなわち使用者側－引用者〕の行動にかんする情報」には及ぼされない。

❷生産の管理、労働の内容・組織・条件等のさまざまな問題について、使用者（その代表者）による決定の採択以前に自己の意見（抗議にいたるまで）を表明する権利。これは使用者（その代表者）によって考慮されることもあるし、無視されることもある。自分の意見を表明する労働者やその代表者の権利の程度は国によって異なる。

❸国の法律、特別な協定、企業の定款、団体協約で規定された範囲の問題について提案を行う（独自のイニシアチブで、また／あるいは使用者やその代表者の依頼により）権利(5)。使用者（その代表者）はこれを必ず検討しなければならないが、それを採用する（完全にかまたは部分的に）こともできるし、拒否することもできる。

❹生産的・社会的性格をもつ決定の準備と採択に審議権をもって参加する権利。労働部署、労働者グループ（作業班）、職区（職場）、事業所、企業、コーポレーションのレベルでの決定の準備と採択への労働者やその代表機関の審議権をもった参加は、多くの先進諸国と一連の途上諸国でかなり広く普及した。アメリカだけでこうしたことは数十万の企業で行われている［152：49］。企業内の決定の準備と採択への、審議権をもった労働者のいっそう大規模な参加が日本で見られた。手もとの評価によれば、日本の労働力の三〇％から四〇％が、品質管理サークル(6)（そのメンバーは、生産され

る製品の品質問題だけでなく、また多くの場合むしろそれ以外の問題も討論し、決定する）や「稟議制」(7) その他を利用して労働者を管理的決定の採択に引き入れている企業に雇用されている。

ヨーロッパ諸国でも企業管理への審議権をもった雇用労働者の参加が広く行われている。そのうちの多くの諸国では、使用者は、彼らによって準備された決定の素案を労働者のしかるべき代表機関と協議することなしに、一連の諸問題（これらの問題の範囲は法律、特別な協定、企業の定款、団体協約によって規定されている）にかんする決定を採択することはできない。

例えば、雇用労働者五〇人以上のフランスの事業所の使用者は、労働と生産過程の組織化、労働保安と労働条件、労働時間と休暇の長さ、賃金水準、製品の品質、労働者の職業訓練と再訓練、雇用、その他のいくつかの諸問題について、準備した決定の素案を事業所委員会と協議することを義務づけられている（一九五八年フランス共和国憲法第四三二条－一、「フランス一九八二年法」第二八条、第二九条）。

スウェーデンの事業所でも、使用者はこうした要求（より厳密な解釈での）を受け入れている。一九七六年の労働生活の共同規制にかんする法律（第一一条）は、同国の全雇用労働者の約九〇％を包括し（先進国では最も高い組織率）、スウェーデン労働組合総連合に加盟している労働組合と、次のような諸問題について協議することを雇用者に義務づけている。

工場の拡張、再建、縮小または閉鎖

新しい生産設備の稼働

労働組織にかんする長期計画
従業員の職務、労働方法、労働時間の長さの制定
労働場所の計画化と設備の備えつけ
労働力の募集の原則、要員の訓練
一時的欠員（例えば労働者の病気による）の場合の労働力の配置替え、その他いくつかの諸問題

労働者とその代表機関を審議権をともなって決定の準備と採択のプロセスに引き入れるシステムやメカニズムには国の特殊性が現れている（多くのヨーロッパ諸国に見られるように法律にもとづくか、あるいは例えばアメリカに見られるように個々の使用者と雇用労働者との契約によるか、あるいはとくに日本に特徴的なように伝統にもとづいているか、など）にもかかわらず、そこには次のような共通の契機がある。

●こうした引き入れのレベルは、主として労働部署、労働グループ（作業班）、職区（職場）に限られている。
●労働者（まず第一に品質管理サークル(8)、労働者グループ、その他生産における公式・非公式な組織体の一員として）およびその代表者（各種の諮問委員会、決定の共同準備にかんする委員会、その他企業管理の部面での同様の組織のメンバー）がその決定に引き入れられる諸問題の範囲は、通常、生産の管理（投資政策、技術政策等）や生産成果（利潤）の分配の主要な問題には及んでいない。
●労働者やその代表機関との協議にかけられる諸問題の最終的な決定は使用者が行う。

❺企業の管理に参加する権利を与えられた代表機関を形成する権利。フランス、オランダにおける事業所委員会、ポルトガルにおける勤労者委員会（労働者の総会で設けられるもので、労働者はまたその規則を定め、直接秘密投票でそのメンバーを選出する）、ベルギー、スペインの事業所協議会等。

最近では、法律に従い、あるいは労働者と使用者との協定の枠内で、あるいは使用者自身のイニシアチブにより、労働者と使用者の代表から成る各種の共同企業管理機関を設ける動きがますます広がっている（これは多くの場合、例えば一九四八年の法律に従ってそれぞれの企業で設置されるものとされたベルギーの労働協議会の場合のように、労使同数にもとづく）。通常、こうした機関の権限には次のような問題が含まれる。「労働者の労働の性格に本質的な影響を与えかねない設備の売却と取得、労働の組織の方法と性格の変更、事業所またはその一部の活動の停止、雇用状態を悪化しかねない生産の合理化、注文の停止または縮小の結果としての解雇または強制休暇、従業員の雇用の原則、企業内情報の伝達、従業員への住宅や食事の面での特典の供与、託児所の利用等々」［194：55］、また社会=労働問題にかんする法律が企業で守られているか否かの監督。これらの機関によって採択される決定は、使用者にとって勧告的な性格をもっている。

❻企業の管理機関に自分たちの代表を少数派として派遣する権利。

少数派として企業の管理機関に労働者代表を送ることは、経済権力の民主化を目ざす圧倒的多くの先進諸国で行われている（法律、政府決定、特別な協定、企業の定款、団体協約にもとづいて）。

オーストラリア　国家セクターの若干の企業で[9]

オーストリア　一九七三年一二月一四日の法律により、会社の取締役会、監査役会メンバーの三分の一が労働者代表、三分の二が株主代表

デンマーク　一九七三年六月一三日の法律により、従業員五〇人を超える会社の取締役会と監査役会に二名の労働者代表が入る

イスラエル　一九七七年六月二〇日の法令により、銀行を除く従業員一〇〇人以上の国有企業の理事会に二名の選出労働者代表が入る

カナダ　ブリティッシュ・コロンビア州で

ルクセンブルク　民間大企業の取締役会メンバーの三分の一が労働者代表、三分の二が株主代表

ノルウェー　会社の会議、取締役会、監査役会のメンバーの三分の一が労働者代表、三分の二が株主代表

アメリカ　主に自動車産業や運輸業の若干の私企業[10]で

フィンランド　一九九〇年の法律により、個人企業、保険会社、基金を除く従業員一五〇人以上の企業の経営会議、取締役会に労働者代表が入る

フランス　会社の取締役会と監査役会メンバーの三分の一は労働者代表、三分の二は株主代表

ドイツ連邦共和国　一九五二年一〇月一一日の「事業所の法的制度についての法律」〔「経営組織法」〕

（七二年一月一五日、七四年三月二日、七六年五月四日に改正と追補あり）により、従業員五〇〇人を超え二〇〇〇人までの会社の監査役会メンバーの三分の一は労働者代表、三分の二は株主代表

スウェーデン　一九七六年の法律により、従業員二五人を超える会社の取締役会には、二名の労働者代表と二名の同補佐が選任されうる。取締役会が一名から成る場合には、労働者は、一名の自己の代表と一名の同補佐を選ぶ権利がある。株主総会での決定により、取締役会での労働者の比率は増加させうる(11)。

以上のほかに、ベルギー、ギリシャ、アイルランド、イタリア、ポルトガル、スイスでもこうした制度が存在している。

少数派として自己の代表者を事業所の管理機関に派遣する権利は、以下のような多くの途上国の労働者にも与えられている（法律、政府決定、特別な協定、会社の定款、団体協約にもとづく）。

ブラジル　国有セクターの若干の企業
ブルンジ　国有セクターの企業
ヴェネズエラ　国有セクターの企業
ガンビア　国有セクターの企業

ガイアナ　国有セクターの企業
ガーナ　国有セクターの企業
グレナダ　国有セクターの企業
ジンバブエ　国有セクターの企業
インド　国有セクターの若干の企業
ケニア　国有セクターの企業
マレーシア　国有セクターの企業
マリ　国有セクターの企業
マルタ　国有セクターの若干の企業
メキシコ　国有セクターの企業
シンガポール　国有セクターの企業
シリア　国有セクターの企業
チュニス　国有セクターの企業
ウルグアイ　国有セクターの企業

企業の管理機関における労働者代表は、常に他のメンバーと対等な地位に置かれているわけでは決してない。とくに彼らは、例えば、フィンランドの会社の重役の選任、「その解任、また労働者の労働関係の条件あるいはストライキ対策の審議に」参加する権利はなく〔177：70〕、「将来取締役会に諮られ、このために特別に選任された取締役会メンバーによって準備される」事案の審議のさい、また「⑴被用者の組織との交渉、⑵団体協約の破棄あるいは対抗措置にかかわる問題の審議」のさいには、スウェーデンの会社の取締役会の会議には参加できない（一九七六年の、株式会社その他の会社の取締役会における被用者代表にかんするスウェーデンの法律、第一六条および第一七条）。

企業の管理機関における労働者代表の立場は、職業的管理者が、しばしばこうした機関の会議に、労働者代表がいないところで準備された提案を、その策定の経緯を明らかにしないで提案するといったことによってもむずかしいものとなる。

## 二　共同管理

共同管理に移行すると、労働者とその代表機関の権限の範囲はいちじるしく拡大される。権限の大きさもまた本質的に増大する。雇用労働者とその代表機関は、一連の諸国で次のような権利を得ている（法律、特別な協定、企業の定款、団体協約で定められた枠内で）。

■使用者またはその代表者との完全に同等な相互関係（理論においてはそうであるべきだとして

も）にはもとづかないで（まれな例外を除いて）、生産的および社会的な性格をもつ決定の準備と採択に参加する権利（一九七六年五月四日の「企業管理への雇用労働者の参加権について」のドイツ連邦共和国法〔「共同決定法」〕、一九八五年のイラン共和国法、その他）。

■使用者またはその代表者によって採択された決定に拒否権（停止的または無条件的拒否権）を行使する権利（一九七六年五月四日のドイツの「共同決定法」他）。

■一連の生産的・社会的性格をもつ決定を自主的に採択する権利（一九八二年のフランスのいわゆるJ・オルー法、一九七六年五月四日のドイツの「共同決定法」、一九八五年のイラン共和国法その他）。

■企業の管理機関に使用者と準同数の代表者を送る権利（一九七六年五月四日のドイツの「共同決定法」、国有企業の管理機関への労働者代表の派遣についてのブルキナ・ファソ、エジプトの法律）。

■企業の管理機関に使用者と真に同数の代表者を送る権利（一九五一年五月二一日の「鉱業・製鉄・製鋼業企業の監査役会および管理部への雇用労働者の参加権について」のドイツ連邦共和国法〔「モンタン共同決定法」〕および五六年八月六日、八五年一二月一九日の同改正法、八三年七月二六日の国有化企業の理事会への雇用労働者の参加について」のフランス法(12)、その他(13)）。

共同管理の思想の実現で最大の成功を収めたのはドイツで、資本と労働とによる事業所（企業）の共同管理のドイツ・モデルは、ＥＣ委員会と理事会によって、最も効果的で展望のあるモデルとして各国で基礎とするようＥＣ加盟国諸国に推奨された。

　共同管理のドイツ的異種としての「共同決定」(Mitbestimmung) は、事業所レベルと企業レベルの二つのレベルに分けられる。

　事業所の管理における労働者の主要な代表機関は経営協議会(14)である。経営協議会は従業員二〇人を超える事業所でつくられる（五人から二〇人までの事業所では「被用者」から全権委員が選出される）。一九五二年一〇月一一日の「経営組織法」（七二年一月一五日、七四年三月二日、七六年五月四日に改正・追補がなされている）は、労働者に経営協議会を選出することを義務づけてはいない。それは「つくることができる」とはされているが「つくらなければならない」とはされていない(15)。経営協議会委員は、六か月以上そこで働いており、一八歳以上で、「管理職」ではない、事業所の全労働者（なんらかの労働組合に入っている者も入っていない者も）によって、直接秘密投票で四年任期で選ばれる(16)。

　企業がいくつかの事業所から成る場合には、それらの協議会が共同の企業協議会を形成し、いくつかの企業がコンツェルンに入っている場合はコンツェルン協議会が形成される。

　協議会委員の数は事業所で働いている労働者の人数に依存し、従業員が二一人から九〇〇〇人未満の場合には三名から三一名（九〇〇〇人以上の事業所では、被用者が三〇〇〇人増えるごとに経営協議会委員の数は二名増える）となっている。専従の協議会委員の数は、従業員三〇〇人から九〇〇〇

表2　経営協議会の権利

| | |
|---|---|
| Ⅰ | 次のことにかかわる決定の採択に「義務的」または「強制的」に（使用者またはその代表者にとって）参加する権利*<br>• 事業所における就業規則と労働者の一般的行動基準の制定<br>• 休憩を含む、労働時間の開始と終了の決定<br>• 時間外および不完全労働時間の配分<br>• 労働支払いの原則と方法の決定<br>• 労働保安と労働者の健康プログラムの策定<br>• 労働者の行動やその労働結果をコントロールする技術的手段の導入と適用（労働生産性を記録する装置，ビデオカメラ，労働者のタイムカード，その他）<br>• 労働部署の交代のためのコンクールの告示<br>• 休暇日程表の作成<br>• 企業の社会計画の作成（生産の縮小，事業所の改組，閉鎖，事業所の移転，新製品の生産への移し変えあるいは労働者の大量解雇が見込まれる場合に策定される）<br>• 社会的用途の施設の管理（食堂，工場の幼稚園その他） |
| Ⅱ | 次のことにかかわる決定の使用者（その代表者）による採択のさいに抗議する権利（使用者またはその代表者の一定の決定に対する拒否権，これは司法手続きによってのみ解除されうる）<br>• 採用<br>• 労働者の賃率等級の決定<br>• 労働者の他の労働部署への移動<br>• 労働者の履歴書の内容<br>• 労働者の評価と労働者の任命のさいの要員選抜，労働者の配転，解雇の原則<br>• 労働者の職業教育と再教育，その技能資格向上の面での方策 |
| Ⅲ | 次の問題で自己の意見を表明する権利<br>• 労働者の解雇** |
| Ⅳ | 次の問題について審議権をもって決定の採択に関与する権利（イニシアチブの権利）<br>• 生産過程の計画化<br>• 新設備の稼働開始<br>• 新しい労働部署創設のプログラム |

| | |
|---|---|
| Ⅴ | 次の問題について情報を得る権利<br>・事業所の経済状態<br>・要員の計画化<br>・その他経営協議会の活動にとって重要な諸問題（国の法律で定められた範囲で） |

（注）＊　経営協議会の同意なしには、使用者（その代理人）は、法律で定められた一定の諸問題について決定を採択することができない。両者間で合意が成立しない場合には、労働者と使用者の同数の代表といわゆる中立的議長から成る「調停委員会」が設けられる。この議長の候補者は労働者と使用者の代表者のあいだで合意されなければならない。もし彼らがこの問題で合意に到らなければ、委員会議長は労働紛争裁判所が任命する。「調停委員会」は法律に従って紛争での双方の妥協を探ることを義務づけられている。妥協が成立しない場合には、委員会はメンバーの多数決で紛争の原因となった諸問題についての決定を採択する。「調停委員会」の決定は双方にとって義務的であり、労働紛争裁判所によってのみ、また正式の根拠にもとづいてのみ廃棄されうる。

＊＊　経営委員会は労働者を解雇する使用者の権利を制限することはできない。それと同時に、法律によれば、この問題にかんして経営協議会の意見を徴さない労働者の解雇は法的効力をもたない。

（出所）[222 : 166-119], [224 : 163-173], [124 : 234], [105 :234], [97 : 53] より作成。

人までの場合で一名から一〇名である。

彼らは経営協議会委員としての活動を労働時間内に行うことができる。使用者は、経営協議会委員に、それに選ばれる前に受けていた賃金を支払わなければならない。使用者はまた、経営協議会に設備のととのった部屋と必要な数の職員、それに経営協議会がその機能を果たすために必要な（労働関係の規制にかかわる法律の原文やその注解書の購入、紙の購入等）資金を提供しなければならない。

すべての経営協議会委員は、

任期中、協議会の活動に必要な労働組合その他の研修を受けるために、四週間の有給休暇をとる権利がある。任期が過ぎれば、協議会委員は以前の職場に戻る。

通常、経営協議会委員の、法律に規定された事前通告をともなう解雇は禁じられている。これについては経営協議会の同意を必要とする。協議会が拒否した場合は、使用者は労働紛争裁判所に訴えることができるが、裁判所の決定が自己のメンバーの解雇に対する経営協議会の同意にとって代わることができるのは、裁判手続きで協議会委員の重大な職務違反が立証された場合に限られる。こうしたことは、経営協議会委員が、自分の職場のことを心配することなく、使用者に対する被用者の利益を代表することを可能にするものである。

三か月に一度、経営協議会は労働時間内に労働者の非公開の職場集会の開催を組織し、使用者との交渉の結果を労働者に報告し、事業所の一般的な状態を彼らに周知させ、労働条件、賃金、等級資格の取得、事業所の一般的な社会経済的状況といった労働者にとって最も重要な諸問題の討議を行う。協議会はまた、労働者が関心をもっている追加の情報を得るために、使用者あるいはその代表者を招請することもできる。

従業員が一〇〇人を超える事業所では、監査役会がその委員を任命する経済委員会を形成することが法律で定められている。このさい、経済委員会委員の最低一名は経営協議会の代表者でなければならない。使用者（その代表者）は、事業所の経済的・財務的状態の諸問題について、また投資政策、生産近代化、その他事業所の生産上の諸問題の計画について、経済委員会に、遅滞なくかつ完全に情報を提供することが義務づけられている(17)。

「これらの諸問題について情報を提供する義務は――とF・ホッファーは指摘している――、もちろん、生産上・営業上の秘密には及ぼされない。この制限のため、また経済委員会も経営協議会も自らは事業所にある文書から情報を得ることができず、相手方から提供されるデータに頼らざるをえないことから、実際には、しばしば、経営協議会は情報を得るのがあまりにも遅く、また完全な情報が得られない、ということになる。それにもかかわらず、現行の制度は、やはり活動的な協議会に、最小限のものであれ情報を得る可能性を与え、それによって独自の活動戦略をよりタイミングよく策定することを保障している」〔222：119〕。

一九五二年一〇月一一日の「経営組織法」は、経営協議会と使用者とに対し、生産過程や事業所における社会的平和に損害をもたらしかねない行動を自制することを求めている（この規定は事業所あるいはそこに雇われて働く労働者の利益に直接かかわるような、賃金政策・社会政策・経済政策の諸問題には及ぼされない）。

経営協議会がストライキの呼びかけを放棄する（ドイツの法律によれば、この権利は労働組合に属する）のと引き換えに、協議会は管理的決定の採択の分野で、法律によって保証された権利を与えられている（必要な場合、経営協議会は裁判所を通じてこの権利の実現をはかることができる）。

事業所の管理への労働者の参加権は、使用者による数多くの決定を、少なからぬ程度に、経営協議会の同意が得られるか否かに依存させているだけでなく、経営協議会をかなりの程度に使用者のパートナー――目下のパートナーではあれ――にもしている。

多くの諸問題にかんする使用者の決定への労働者の拒否権もまた、使用者が労働者の利益をより多く考慮に入れ、彼らとのあいだに発生する紛争や軋轢を合意（妥協）の探求によって解決するように促している。

自己の見解を表現する労働者の権利にもとづいて、経営協議会は、使用者が労働者の利益を考慮して決定を採択するように仕向けることができる。但しこの場合、事業所のオペレーショナルな（日常的な）管理の過程への経営協議会の直接的介入は排除される。

決定の採択に審議権をもって関与する労働者の権利は、使用者が自己のイニシアチブで被用者を代表する機関と協議するよう仕向ける。

情報を得る労働者の権利は、経営協議会にとって、以上に挙げた権利の実現の前提条件の一つをつくりだす。

企業レベルでの「共同決定」は、企業の最高監督機関である監査役会への雇用労働者の参加によって特徴づけられる(18)。

一九五二年一〇月一一日の「経営組織法」によれば、従業員五〇〇人を超え二〇〇〇人以下のすべての企業で（所有の種類や法的形態にはかかわりなく）、監査役の三分の一は、全労働者によって直接選ばれるか、あるいは（選挙が大企業で行われる場合には）いわゆる選挙人（労働者六〇人につき一名の選挙人）によって選ばれる。九〇年代初めに、この法律の適用を受ける企業には約一二〇万人が働いていた。

七六年五月四日の「共同決定法」は、労働者代表のレベルを形式上同数にまで引き上げた。この法律によれば、従業員が二〇〇〇人を超える会社（九〇年代初めに四五〇万人に職を与えていた）の監査役会には、使用者と被用者とが同数入らなければならない(19)。

実際には同数というのは外見上のものである。というのは監査役会における被用者の代表のうち一名は管理職員でなければならないことになっており、彼は通例として使用者を支持するからである。そのほか、監査役会議長は企業の株主によって選ばれる（二名の候補者のいずれもが必要とされる監査役会メンバーの三分の二の得票を得られない場合）。

こうして選出された監査役会議長は、メンバーが皆平等な投票権をもっているもとで――これでは可否同数となる危険性がある――二票をもつことになる。

七六年五月四日の「共同決定法」に従って、企業の取締役としての完全な資格をもった「労働者取締役」、あるいは労務担当取締役の職務が導入された。

「労働者取締役」候補者を推薦する権限は経営協議会にある。「労働者取締役」は企業の監査役会が任命する。「労働者取締役」の権限の中には次のものが含まれる。すなわち、福利厚生問題、職員にかんする業務、賃金、賃率政策、労働保安、要員の訓練と再訓練、労働者の資格向上などの諸問題である。

ドイツの「共同決定法」の特別なケース（ドイツだけではないが）は、従業員が一〇〇〇人を超える鉱業・製鉄・製鋼業（九〇年代初めにそこにはおよそ四〇万人が就業していた）の事業所（企業）の監査役会の活動への労働者代表の参加である。

一九五一年五月二一日の「モンタン共同決定法」は、ドイツ経済の前記の諸部門の事業所（企業）の監査役会への、使用者と被用者の正確に同数の参加を規定している。

法律によれば、これらの事業所（企業）の監査役会は、五名の使用者代表と、労働組合によって準備された名簿にもとづき、経営協議会が提案した候補者の中から選ばれた五名の被用者代表とから構成されなければならない。

監査役会メンバーはいわゆる中立の議長を選任しなければならない。監査役会において使用者と被用者の代表が監査役会議長の選任問題で意見の一致にいたらない場合には、裁判所がこれを任命する。

鉱業・製鉄・製鋼業の事業所（企業）では、労働者代表の同意なしに監査役会で「労働者取締役」を選任（任命）することはできない。

## 三　自主管理

産業民主主義の最高の形態は自主管理である。次のようなものが労働権にもとづく企業レベルでの生産自主管理の実例となりうる。

■国有企業の一部（マルタの最大の造船所「ドライドック」(20)、ポーランドの国有企業、中国、ハンガリー、その他若干の諸国の国有企業の一部）。

■イスラエルのキブツ(21)、世界の種々の国に見られる、主として農業面での他の多くの種類のコミューン（共同体）。

■一九五〇年から九〇年代初めまで、生産自主管理制度のもとで機能していたユーゴスラヴィアの企業(22)。

■リビアの自主管理企業。

■ヨーロッパ、アフリカ、アジア、ラテン・アメリカ、アメリカ、カナダ、オーストラリアなどの、何よりもまず労働者（産業）協同組合によって代表される生産協同組合の一部(23)。ここでは決定採択のさいの投票権が、その資産（資本）における持ち分の存在とではなく、協同組合の経済活動への個人的労働参加を条件とする組合員資格と結びついている。生産協同組合の機能の法的基盤には、最小限要求主義と最大限要求主義の二つの考え方が置かれている。最小限要求主義というのは、協同組合の組織化とその活動にかんする規則は、法律では最も一般的な形で定めておけば十分だとするものである。協同組合としての地位と、一定の条件を尊守する場合に受けることのできる特典を求める会社の認定にかかわる活動のその他の部分は、協同組合の全国的な連合組織が行うべきである(24)。最大限要求主義（これは多くの国でとられているが）は、逆に、協同組合法は、国際協同組合同盟（ＩＣＡ）によってつくられた「協同組合的価値と原則」を法制化すべきである、という命題にもとづいている(25)。

■スペインの労働者株式会社（Sociedates Ananimas Laborales）(26)。

■企業閉鎖を避けるために労働者によって「占拠」された企業（ベルギー、イギリス、スペイン、イタリア、マルタ、カナダ、アメリカ、フランス、日本、インド、マリ、ペルー、その他）。

■労働組合の所有となっている企業（ドイツ、イスラエル、日本、アルゼンチン、ガーナ、インド、マレーシア、パナマ、シンガポール、タンザニア、チュニス、その他若干の諸国）等(27)。

労働の統合としてのコーポレーション・レベルでの自主管理の最も有名な実例はモンドラゴン協同組合複合体である（スペイン北部のバスク地方の小都市モンドラゴンの名からとられた）。それは約一八〇の協同組合（うち九〇以上は工業の協同組合）を包摂し、そこでは一九九五年に約二万六〇〇〇人（五六年―二四人、六〇年―三九五人、七〇年―八五四三人、七五年―一万三一八九人、八〇年―一万八七三三人、八五年―一万九一六一人［48：259］）が就業し、四〇億ドルを超える商品とサービスとを生産していた(28)。

モンドラゴン協同組合の特徴は、支援組織の存在である。

第一に、三〇億ドルを超える資産をもつ協同組合銀行（いわゆる労働人民金庫―Caja Laboral Popular〔現在名称は労働金庫〕。これを管理する理事会は一三名から成り、九名はモンドラゴン諸協同組合の代表、四名は同金庫の代表)。これはこれまでのほぼ四〇年間に(一九六〇年設立)一〇〇を超える協同組合の設立を助けた。特恵的金利(モンドラゴン複合体に加入している協同組合に対して)での通常の銀行サービスのほかに、銀行は協同組合にさまざまな援助を与えている。それは、マネジメント、マーケティング、協同組合の技術・社会政策、製品の輸出等にかんする助言であり、また定期的に、但し最低四年に一回、協同組合の会計監査を行い、長期計画(プログラム)の作成のさいに協力している、など。

第二に、最も現代的なレベルでの科学研究活動や実験=設計作業を行う二つの協同組合の存在(これらの協同組合がNASAの開発やヨーロッパ宇宙プログラムにも加わっていると言えば十分であろう)。

第三に、専門家の認めるところではきわめて質の高い社会サービス(社会保険、協同組合員やその家族のための医療サービス、その他)(29)に従事する協同組合。

第四に、教育協同組合(幼稚園、学校、職業技術学校、技術専門学校、マネジャー養成講座、労働者・専門家の技能資格向上講座——協同組合にとって困難な時期にはこれらの受講生は大幅に増える——、その他多くのものがある)。

モンドラゴン協同組合グループにはまた、建設協同組合、住宅協同組合、農業協同組合、消費協同組合、その他バスク地域を越えるものを含む、各種のサービスを提供する協同組合組織や部局が加わっている。

多岐にわたる支援組織システムの存在（その創設のイニシアチブをとったのは、モンドラゴンの実験のイデオローグ、ドン・ホセ・マリア・アリスメンディアリエタ神父――キリスト教社会主義の教義の信奉者で社会的正義の思想の熱烈な擁護者――であった）と、それらの活動の効果的な組織化は、モンドラゴン複合体が市況の変動に左右されることを少くし、従ってその安定性を強めた。一九五六年から八六年までのあいだに、三つの協同組合しかつぶれなかった（そのうち二つはグループ自身によってつくられたものではなく、あとからこれに加入してきたもの）。これに対して、例えばアメリカでは、同じ期間に全中小企業の五〇％余が倒産している(30)［138：116］。

毎年協同組合の純利潤の三〇％（最低基準量）から八五％までを投資に振り向けた（困難な時には、総会の決定により、協同組合員の個人的所得を据え置くか、あるいは減らしてでも）こともまたそれなりの役割を果した(31)。これはモンドラゴン協同組合が「外部の」資本市場に従属することを大幅に軽減した。さらに、民族的少数派、また彼らの多くの意見では、抑圧された少数派であるバスク人の高い「内的連帯性」といった非経済的要因も働いた。

バスク人の高い「内的連帯性」は、一方では、協同組合員も、そこに雇用されている者も、ともにモンドラゴン協同組合の労働者として団結することを促し、他方では、バスク地方でモンドラゴン協同組合にとって好ましい外的環境をつくりだしている。

協同組合の定款と、一九八七年に開かれた第一回全体会議で承認されたモンドラゴン協同組合複合体の原則（協同組合生活の民主的組織化、労働の主権、その他）に従って、そこでの立法権力は当該協同組合のメンバーである労働者の総会に属する（仮採用期間を終えたあと、おのおのの労働者は、加入金を払い込めば協同組合のメンバーとなることができる(32)。協同組合員でない者も協同組合での仕事に加わることができるが、それはたんに一時的なもので、人数も従業員総数の五％を超えてはならない(33)）。

総会は「一人一票」の原則にもとづいて決定を採択する(34)。総会への参加は各協同組合員の権利であるだけでなく、義務でもある（正当な理由なく総会を欠席した協同組合員は、次の総会での投票権を失う）。

通常年二回招集されるこうした総会は、管理部の業務報告を聴き、最も近い将来の協同組合の経済政策・社会政策の目的と優先順位を承認し、必要な場合にはそれに原則的性格をもった修正と補充を行い、管理者でない協同組合員の中から理事会（最高執行機関）と監査委員会（統制機関）を選出する。

一方、理事会は企業長以下の管理部門のメンバー（協同組合のオペレーショナルな管理機関）を任命する。

協同組合員である労働者はまた、一〇人につき一名という基準で社会協議会（労働組合に近い機能を果たす協議機関、但しストライキを呼びかける権利はない）メンバーを選出する。

モンドラゴン協同組合連盟の活動もまた民主的な原則に立脚している。

連盟の立法機関は、モンドラゴンのすべての協同組合の代表三五〇名から成る全体会議である。二年に一度招集される全体会議は、モンドラゴン・グループ全体の発展戦略を決定し、連盟の全体会議の決定を実現するうえでのあらゆる活動を指導する総評議会（連盟政府）メンバーを選出する。

それと同時に、モンドラゴン協同組合の管理システムを完全に自主管理原則にのっとったものと規定する根拠もない。

第一に、近年その数が増大した雇用労働者は、決定採決の過程から取り残されたままであった。

第二に、協同組合員である労働者の管理への参加は、協同組合レベルでは総会への参加に、下のレベルでは自主管理的作業班、品質管理サークル等への参加に限られているが、これは、有名なミッチェルの「オリガーキーの鉄則」で公準化されているような、経済権力が高級経営者や専門家に移行する潜在的危険性をつくりだす。

【注】

（1）「……技術進歩それ自体が、伝統的な資本主義的経済組織原則を掘り崩す。『人的資本』への投資——教育、保健、労働力の移動への投資——が常に増大し、今ではすでに物的資産——建物、造営物、機械、設備、商品・原材料在庫——への投資とほぼ等しくなっている。二〇年代にアメリカでは、物的総資本は蓄積された『人的資本』を二倍以上上まわっていたが、半世紀後の七〇年代には、『人的資本』はそのより急速な伸びにより、物的資本の価値とほぼ比肩しうるようになった。……こうした変化の結果、一方では、労働者に代表される『人的資本』が少くとも企業家（株主）によって事業に投じられる資本と同じように重要な役割を果すようになった。……従って、この狭いプラグマチックな視点からだけでも、企業の枠内での資本と労働とあいだの関係は支配と従属の関係ではなく、平等なパートナー的関係であるとする十分な根拠がある。他方では、労働者の教育水準の向上、労働の複雑な創造的過程への転化は、それが進めば進むほど、雇用労働者を『事実上の』パートナーにする。今ではあまりにも多くのことが労働者に依存しているので、従業員が全体の成果に関心をもっていなかったり、ちょっとでも指導部に不信感を抱いているような企業は、競争力を失ってしまう。この点について、最近『フォーチュン』誌は次のように書いていた――『コンピュータが一台ずつ机の上に置かれるようなれば、企業への恨みを晴らそうとする従業員は、手もとに報復の手段をもつことになる』と。さらに石油会社の一従業員が何百万ドルもするデータベースを消してしまったため、会社は掘削・探査作業をストップせざるをえなかったとの記事が載っている……」〔256・63〕

（2）　事業所委員会の委員（労働者の総数に応じて二名から八名）とその補佐（やはり労働者総数に応じて二名から八名）は、事業所の最も数の多い労働組合組織によって提出された名簿に従い、事業所の全労働者（幹部を除く）による秘密投票で二年任期で選ばれる。この名簿には、最高管理職員を除く事業所の全従業員が含まれなければならない。事業所で認められているおのおのの労働組合組織は、事業所委員会に審議権をもった自己の代表を送ることができる。事業所委員会には、議長の権限で、事業所の長または代理が加わる（一九五八年フランス憲法第四三二条―六、第四三三条―一、第四三四条―一、一九八二年一〇月二八日のフランス共和国の法律第八二―九一五号「企業管理における従業員代表機関の発展について」第一七条、第三一条）。なお事業所委員会には法人の資格が与えられている（同法第二八条）。

（3）報告書は次のような情報を含まなければならない。すなわち、事業所の取引高、その損益、金額および数量表示での事業所の当期活動結果、資本の配分と変動、投資の規模と構造、賃金、労働時間の長さ、生産設備の利用程度、その他一連の指標。

（4）「勤労者委員会は……その活動を行うために必要なすべての情報を受ける権利を有する」（ポルトガル共和国憲法第五五条）［219：166］。

（5）例えば、「フランス一九八二年法」第一条によれば、「事業所委員会は、独自のイニシアチブまたは事業所の長の依頼で、労働者の労働条件と雇用の改善、また事業所における労働者の生活条件の改善にかんする任意の提案を行う」［123］。

（6）品質管理サークルは日本で最も広く普及した。最初の品質管理サークルはこの国で六〇年代初めに現れ、六五年には、七万〇九二〇人が参加した四九三〇の品質管理サークルが存在していた。七〇年には、三万三四九九（三八万八五四三人）、七五年には七万二四七五（七二万三三〇一人）、八〇年には一一万五二五四（一〇六万二七五九人）、八五年には二二万三七六二（一八三万一一九九人）、九〇年（八月）には三一万三九二四（二四五万四六三五人）［143：65］。

（7）日本的な決定採択システム。ここでは職業的管理者によって準備された決定の素案は、コンセンサスにもとづき、素案の討議に加わったすべての参加者の要望を考慮に入れて決定を採択するために、それを実施することになる全員に、まず第一に労働者に、諮られる〔47：224〕。

(8) 品質管理サークルは、今日では、日本以外でもかなり広く普及している。例えばアメリカの大会社では、雇用されている従業員の約二五％が品質管理サークルの活動に参加している。日本におけると同様、品質管理サークルのメンバーは、その名称にもかかわらず、その他の諸問題――労働過程の組織化、労働保安等――をも検討できるし、また検討している。「輸入された」品質管理サークルの効率についていえば、労働者・経営者・資本所有者のメンタリティが異なる「よその土壌」に移植されたこの制度は、原則として、日本の品質管理サークルが示しているような効率を発揮していない〔47：189〕〔136：33〕。

(9) とくに、航空会社、鉄道会社、郵便サービス〔56：134〕。

(10) 一九八〇年に、自動車産業労働組合委員長D・フレーザーはクライスラー社のスタッフに入り、その後すぐに、四人の労働者代表がイースタン航空会社の取締役に選出され、八二年には、労働組合員の最初の代表者がパンアメリカン航空会社の取締役に就任した〔110：51〕。

(11) 株式会社その他の会社の取締役会における被用者代表にかんするスウェーデンの法律（一九七六年第三五一号）第五条、第七条〔214：367-368〕。

(12) 国有企業ならびに国有化手続きに入った企業の理事会（監査役会）メンバーの三分の一は、他のメンバーと同等な権利・義務をもつ労働者代表、三分の一は国家と企業の主要株主の代表（政府が任命）、三分の一はエキスパート、専門家（政府が任命）である〔109：27-30〕。

(13)　この二〇年間に、大企業の管理機関に労働者と使用者とがパートナーとして参加するシステムを導入するという一連の計画案が準備された。そのうちで最も有名なのは、A・ブロック卿を委員長とするイギリス労働党政府の調査委員会がまとめた報告書『産業民主主義について』（一九七七年）である。ここでは委員会の多数は、従業員が二〇〇〇人を超える会社の取締役会に雇用労働者の代表（「労働者取締役」）を2X＋Yという方式で――Xは同数での使用者と雇用労働者の代表、Yはその候補者が使用者代表と雇用労働者代表の双方から承認を受けた外部の「独立」経営者――含めるという特別な法律の制定に賛成した（ブロック委員会の少数派は、大企業の取締役会への労働と資本とのパートナー的代表制の導入に賛成はしたが、これについて使用者側からの同意を得ることを条件とすべきだとした）。二〇〇〇人を超える従業員を擁する企業の取締役会でのパートナー的代表制の導入が成功した場合には、ブロック委員会の多数派は、取締役会形成のこうした原則を従業員が一〇〇〇人を超える企業にも拡大するよう勧告した。一九七九年五月の議会選挙での保守党の勝利は、ブロック委員会の提案（多数派の提案も少数派の提案も）の実現を不可能にした［5：11］［94：69］。

同じような方向性をもったいくつかの計画案が国際的レベルでも準備された。とくにヨーロッパ共同体の指導的機関で準備された一連の計画案では、「ヨーロッパ資格をもつ」企業に、監査役会（取締役会）における代表制の次のような標準的比率を導入することが提案されている――三分の一は労働者代表、三分の一は株主代表、三分の一は社会団体（消費者団体、環境保護団体など）。

(14)　経営協議会にかんする最初の法律は、ドイツで一九二〇年二月四日に採択された。

(15)「例えば、小企業では経営協議会は往々にして形成されていない」[104：63]。

(16) それにもかかわらず、労働組合は、候補者名簿の作成への参加を通じて経営協議会の形成に積極的に加わっている。通常、労働組合の意見は労働者によって念頭におかれている。例えば一九九〇年の経営協議会の選挙では、一八万三〇〇〇人が委員に選ばれたが、そのうち八〇％が労働組合員であった。労働組合が事業所の管理の面で経営協議会の政策決定に影響を与える今一つのテコは、大規模事業所でそのネットワークがつくられている代理人の制度である（金属労働組合だけで事業所に一〇万人余の代理人をもっていた）。労働組合の代理人は、労働組合と経営協議会との連結環である[104：63]。

(17) 年に一度、使用者は事業所の労働者に、事業所の経済状況について、生産現場における社会的状況について、また近未来の計画について情報提供することを義務づけられている。

(18) 監査役会は企業の取締役を任命し、取締役会の活動を監督し、企業の年次収支報告書を承認し、まず第一に大規模投資、企業の売却または閉鎖にかかわる最重要問題の決定に同意を与える。

(19) 監査役会に一〇名の被用者の代表が加わらなければならないとすると、そのうち七名はその企業の労働者（うち一名は管理職員）の代表でなければならず、三名は労働組合によって提案された、当該企業で働いていない労働者の代表でなければならない[222：121]。

(20) 自主管理権は、労働組合の支持のもと、一九七五年に、労働党政府（七一－七九年）によって造船所の労働者に与えられた。造船所「ドライドック」の管理には、高い職業技能資格をもった四〇〇〇人の労働者（九九％は男性、九八％は労働組合員）が直接・間接に参加している。造船所の収入の九八％は輸出業務からの収入である［64：24］。

（21）　最初のイスラエルのキブツ「ディガニア」は、一九〇九年に六人によってつくられた。現在ではイスラエルの人口の約三・五％を占める人々が二〇〇を超えるキブツの一員となっている。同国の農業生産高の四〇％と工業生産高の約七％がキブツのメンバーによって生産されている（キブツはイスラエル農業で最高の労働生産性をあげている）。キブツの制度は次の四つの基本原則にもとづいている。

第一の原則。キブツの財産のメンバーのあいだでの不分割性。

第二の原則。「自己就業」の原則で、これはキブツにおける雇用労働の採用を排除するか、もしくは「最小限のもの」に限って認める。

第三の原則。キブツにおける最高権力の担い手は、総会で主要な決定を採択し、経営管理機関（ローテーションでそのメンバーとなる）の活動に参加するキブツメンバーの「共同体」（コミュニティ）である。

第四の原則。キブツのメンバーのあいだでの純収入の分配における平等の原則（これは労働の個人的モチベーションを排除する）。

最近、キブツの一部は、「新しいコンセプト」に従って「キブツの組織の内部構造」を変えることを提起している（いくつかのキブツではすでに変更している）。第一に、古典的な形での自主管理システムから、より「ヒエラルキー的な」システムへの移行（とくにローテーション原則は「上首尾でない経営者」だけに適用する）。第二に、必要に応じた分配から、貨幣形態での「平等な」賃金にもとづく分配への移行［153：1-12］［3：213-217］、［78：18］。

(22)　一九七四年ユーゴスラヴィア連邦共和国憲法は、生産部面での自主管理に対する勤労者の権利を宣言した。彼らはこれを、何よりもまず、「連合労働」基層組織の枠内で実現する［84：55-60、63-65］。

(23)　生産およびサービスの協同組合は、全世界で一億人以上の人々に職場を保障している。市場経済における生産協同組合の最大のセクターはイタリアにある（ここでは四〇万人以上、すなわち農業に従事する者を除く国の労働力の二・五％が就業している。生産協同組合の半数以上が一九七〇年以降につくられた）。スペインでは、およそ一五万人（うち九万五〇〇〇人以上が協同組合員）、農業従事者を除く全労働力の約一％が、生産協同組合で働いている。フランスでは五万二〇〇〇人（うち二万人余が協同組合員）、農業従事者を除く労働力の〇・二％が、イスラエルでは約一万七〇〇〇人（うち九〇〇〇人余が協同組合員）、農業従事者を除く労働力の一・五％が、カナダでは一万五〇〇〇人以余が、スウェーデンでは四〇〇〇人が、生産協同組合で就業している［100：282-285］［107：351］。

(24)　協同組合が、多くの国の法律で定められている（例えば一九四七年、八五年、九二年のイタリアの法律）税制上の特典を受けるためには、協同組合の内部文書、とりわけその定款が、「真の」協同組合と「偽の」協同組合とを区別する「協同組合全国協議会」の正式認可を受けなければならない。例えば、協同組合についての法律が最小限のものであるベルギー、協同組合についての特別な法律のないデンマーク、その他若々の国々ではそうなっている。

(25)　協同組合の基礎としての組合員制、活動に労働参加し、加入に当って出資金を払い込む組合員の義務、雇用労働の採用の制限（例えばスペインの法律によれば、協同組合における雇用労働者の数は一〇％を超えることはできない）、「一人一票」の原則で決定を採択する組合員総会への協同組合の最高権力の付与、その他。最近、多くの西欧諸国で、協同組合に関係する法律に本質的な変化が生じた（一九九一年ベルギー、九二年イタリア、スペイン（九二年カタロニア法、九三年バスコニア法）、九二年フランス、その他の協同組合法）。その最も重要なものとして次のようなことが挙げられる。法人──いわゆる「資本調達者組合員」──が生産協同組合の組合員になれる（例えば九二年一月三一日のイタリア協同組合法第四条は、「その定款で協同組合の技術的発展基金、改造基金、または発展基金の設置を規定している」協同組合に、協同組合員総数の三分の一の範囲内で「投資家組合員」の受け入れの可能性を認めている。おのおのの「投資家組合員」は数票の投票権をもつことができるが五票以下に限られる。全体として「投資家組合員」は全協同組合員の投票権の三分の一を超えない投票権をもつことができる。投資の規模の制限は定められていない。「投資家組合員」は四九％以下の割合で理事会に代表を送ることができる。そのほか、「投資家組合員」には、他の組合員よりも高い配当を受ける可能性が与えられている）、法人のための出資金の「上限」の引き上げ（とくに九二年一月三一日のイタリア協同組合法は、生産協同組合、労働者協同組合、農業協同組合に対して、これを三〇〇〇万リラから一億二〇〇〇万リラに引き上げている）、「技術=管理職員」が「労働者協同組合その他の形態の生産協同組合に加入するさいの制限の廃止（例えば九二年のイタリア協同組合法採択までは、この加入は一二％に制限されていた）が規定されている［50：197-201］。協同組合における組合員資格の問題についてのICAの立場も変化している。一〇〇周年を記念した大会でICAによって採択された宣言では次のように述べられている――「協同組合は、共有的で民主的に管理される企業による、社会=経済的・社会的・文化的ニーズの充足のために自発的に統合された人々の自律的なアソシエーションである。ここで人々のアソシエーション（統合）とは、たんに個々人（自然人）だけではなく、人々のグループ――個人組合員と同等な権利をもつ法人――の統合をも意味する。組合員資格の問題は協同組合自身の問題である」［203：5］。

(26)　株式の五一％以上が、管理を行っている労働者の多数（こうした会社の資本に参加しない労働者の数は労働者=株主の数の一五％を超えることはできない）の所有のもとにある会社。一九八六年の法律によると、労働者=株主は、取締役会に自己の代表者を選出するが、この代表者は、労働者=株主の集会で採択された決定に従い、彼らに属する全株式を一括して代表して票決に加わる。労働者=株主はいつでもこの代表者をリコールできる。この法律はまた、労働者所有の株式形態を保護する方策（労働者が自己の有価証券を他の労働者に対してのみ譲渡または売却する可能性など）を定めている。スペインでは最初の労働者株式会社は一九七二年にビルバオで創設された。現在ではバスク地方だけで一〇〇〇を超えるのこの種の会社が活動しており、そこには三万人以上が働いている［221：130-135］。

(27)　最近では、労働者に、「自主管理的」「自治的」作業班、労働者グループのレベルで生産管理の組織化を自ら行う可能性を与えようとする動きがますます広がっている。こうした労働者グループの枠内では、生産過程の計画化、作業班（労働者グループ）のメンバーのあいだでの課業の分配、労働と労働支払の標準化の実施、生産物の品質管理、新規労働者の採用、場合によっては職長の選挙その他、一連の権限が使用者（その代表者）によって労働者に委譲されている［171：161］。

(28)　モンドラゴン協同組合の四〇年以上の歴史の中で、就業者総数の減少が生じたのはわずか三年だけであった。

(29)　スペインの法律では、協同組合員は雇用労働者に含まれず、これには社会分野の法律のしかるべき条項が適用されないことから、モンドラゴン協同組合は独自の社会保険制度を創設しなければならなかった。

(30)　アメリカの統計データによると、創業後五年間存続している企業は、この国で新たに設立された小企業の二〇％にすぎない［287：4］。

(31)　このことは、労働によって管理される企業の労働者は、こうした企業の収入のすべてを、投資を犠牲にして当面の消費に振り向けようとする、との広く流布された見解の誤りを証明している。

(32)　加入出資金は非熟練労働者の年間賃金にほぼ等しく、約一万ドルである（その支払いには、二年から四年の賦払いが認められている）［29：96］。

(33)　スペインの協同組合法では、臨時の雇用労働者の労働の利用が認められている。その数は協同組合で就業している者の一〇％を超えてはならない［221：124］。

(34)　一九五六年に創立された、モンドラゴン・グループで最も古く最大の協同組合「ウルゴール」は、いくらか異なった採決システムをとって始まった。採決のさいには労働者の技能資格、その「職業係数」が考慮に入れられたのである。「職業係数」とは、生産過程で労働者が占めている部署に応じてその大きさが決る「組織係数」（すべての労働部署は一から三までの係数をもつ）と、遂行される作業の効率の程度、その質をあらわす「機能係数」との算術的合計である［29：93-94］。

# 第二章　所有権にもとづく企業管理への労働者の参加

この二〇～三〇年間、生産の管理への労働者の引き入れは、主として所有権にもとづいて、さまざまな形態や組み合わせによる自分の企業の資本への雇用労働者の参加という広く普及した方法を通じて、行われている。

❶有価証券市場で、個人貯蓄によって、個々人で、自分の企業の株式を労働者が取得する(1)。

❷使用者のイニシアチブによって、個人貯蓄により、自分の企業の株式を労働者が購入する。この場合、企業は取引所で自己の株式を取得し、次いでそれを労働者に、しばしば割引き価格で、賦払いを含めて提供し、このために労働者の同意を得て賃金の一部を天引きする(2)。

❸労働者への報奨を株式で行う（多くの場合、各種の年金プログラムの枠内で）。例えば、アメリカの年金プログラム「四〇一（k）」の場合、企業は、雇用労働者の払込金と会社の同額の払込金によって形成されるトラスト（信託基金）を設立する。トラストが管理する資金の一定部分は、報奨として労働者が受け取る株式の取得のために支出される。

こうしたプログラムのすべてに国家からの税制上の特典が規定されている。しかしこれは、企業の従業員が株式を取得するための特別な特典ではなく、すべての年金プログラムに共通の特典である（年金基金への企業の払い込みを課税対象利潤から除外するなど）(3)。

❹ 強制的な方法（法律による）または特別な契約（労働組合員ではない個々の労働者と使用者との個別契約、あるいは労働組合または他の労働者代表機関と使用者との団体協約）にもとづく、いわゆる労働者株主制度の導入による、自己の企業の資本への雇用労働者の参加。

その積極的な普及者として登場しているのは（きわめて稀な例外を除いて）、税制上の特典を与えている国家で、とくにこれは、一九八六年一〇月二一日のフランス政府の決定第八六－一一三四号「所得・利潤・株式資本への労働者の参加について」が規定している。この決定によれば、六か月以上会社で働いている個々の労働者の口座に毎年振り込まれ（この額は労働者の年間賃金の二五％を超えてはならない）、次いで企業の投資基金（そこには労働者が株式を購入するための資金が積み立てられている）に預け入れられる金額は、全額課税を免除されることになっている。

一九八四年の「雇用労働者の財産形成の促進について」のドイツ連邦共和国の法律も同様の特典を定めている(4)。九〇年代半ばまでに、およそ一六〇〇の企業――その指導者の大部分は、ドイツの経済パートナーシャフト助成同盟に結集している――は、一三〇万人を擁する企業の資本への労働者の参加制度を採用するようになった(5)[224：141‐142]。

雇用労働者の資本への参加の一変種は、例えば最近までスウェーデンにあった、「労働者投資基金」

(Employee Investment Funds) の設立である。

企業の資本への労働者参加のこの形態にあっては、議決権を与える「労働者の株式」は、個々の労働者あるいは全体としての労働者集団には属さない。そうではなく、株式——またそれによって議決権そのもの——は、種々の全国的または地方的な基金——その理事会では労働組合が多数を占める——に引き渡される。

「労働者投資基金」の設立案はすでに一九七五年に、有名なスウェーデンの社会民主主義者で労働組合活動家であるR・メイドナーが、スウェーデン労働組合総連合調査局の同僚とともに策定した。

メイドナー・プランの主要な目的は、所有の、従ってまた経済権力の私的大資本の手への集中に対抗し、従業員一〇〇人以上の企業の利潤の二〇%を毎年「労働者投資基金」に控除することによって企業レベルでの経営における権力の民主化を発展させ、集められた資金によってしだいにスウェーデンの株式資本の大部分を購入し、それを国の労働者の集団的所有（集団的管理）に移すことにあった。このさい個々の企業の労働者のその資本における持ち分、従ってまた決定採択のさいの彼らの議決権の割合は二〇%に制限された(6)。

メイドナー・プランは大幅に修正されて七六年にスウェーデン労働組合総連合によって採択され、スウェーデン社会民主労働党によって承認されて、八四年に施行された「労働者投資基金法」の基礎に据えられた。

この法律によれば、地域原則によってつくられた(7)五つの基金は、スウェーデン企業の利潤（通常の税金を払い、税制上の特典の額を差し引いた残額）に対する二〇％の特別税と、年間賃金基金の〇・二％の規模の企業からの特別控除によって資金調達された（小企業や収益の低い企業はすべてこれらの納付金を支払わなかった）。

集められた資金は公的年金基金に組み入れられ、三％の利益を得てそれを年金制度に移すことを義務的条件として株式その他の有価証券に投じられた。そしてこの利益は年金支払いの増額のために利用することができた。

当初、各基金は、株式市場に登録された任意の企業の株式（株主の議決権）の八％までを取得する権利をもっていた（メイドナー・プランの当初の案ではこの制限は定められていなかった）。後に、この大きさは六％に制限された。

九〇年代初めまでに、基金は株式市場における株式の最大の購入者となった。八九年までに、基金は二〇五億クローナの株式を保有し、取引所に登録された企業の株式資本の二・六％をコントロールしていた。

おのおのの基金は、政府によって任命される九名のメンバー（と四名の補佐）から成る理事会が指導した。そしてこのうち五名は労働組合が代表を送るべきものとされた（理事会では使用者の代表者にもポストが与えられていたが、彼らは基金の活動をボイコットした）。

九一年秋に政権についたブルジョア政府は、「労働者投資基金」の解散を決定した。スウェーデンにおけるこれらの基金の活動はよい結果を残さなかった（今日の状態からして）とはいえ、メイドナー・プランの根本思想は、今なお、生産における民主主義の思想を擁護する先進諸国の多くの政党や勤労者組織のあいだで、大きな関心を呼んでいる。

❺ 民営化されることになった会社の労働者への、しばしば特恵的条件での、その株式の優先的購入権の供与（例えば、フランスの民営化企業の労働者は、その株式を、三年間の賦払い、二〇%の割引きで、年間賃金に等しい額だけ取得することができる。クロアチアの企業の労働者は、二〇%の割引きプラス勤続年数一年につき一%、但し六〇%を超えない範囲での割引きで、ブルガリアとポーランドでは五〇%、チェコと韓国では三〇%、マケドニアとモンテネグロでは三〇%から七〇%、ルーマニアでは一〇%、モロッコでは一五%、セルビアでは二〇%から六〇%、チリでは五%から一〇%、スロヴァキアでは通常三〇%の割引きで、自社株式を取得することができる(8))。あるいはこれが、取得もしくは受領した株式を法律で定められた保管期間（オーストリアではこの期間は三年、フランスでは一年半と規定されている）後には売却できるという権利つきで無償で供与されることもある（例えば、オーストリアとフランスでは、民営化される企業の労働者は、株式の一〇%を、ポーランドでは一五%を、無償で受け取った）。

❻ 企業の資産を、自己資金およびあるいは借入資金によって、企業の労働者全員または一部の者の持ち分的所有または不分割的所有に、賦払いの条件で購入し、その後労働の統合（労働者協同組合あるいは生産協同組合、その他）あるいは資本の統合（持ち分的協同組合、物的会社または人的会社、その他）に改造する方法。

後者の場合には（資本の統合への改造のさいには）、一つの企業に、労働者＝所有者労働集団と雇用労働者労働集団の二つの労働集団（労働者共同体）が発生する可能性がある。おのおのの労働集団は、自己の、しばしば矛盾する利害と独自の法的地位とをもっている。こうした状況はウクライナの企業法に最も明瞭に反映されている。そこでは労働力を雇用する権利をもつ労働集団の権利と、雇用労働者の労働集団の権利とが区別されている。

❼企業の将来の所得で株式を購入するための信用供与によって労働者に株式を分与するという方法――アメリカの有名な労働者持ち株プログラム（Employee Stock Ownership Plan [ESOP]）(9)。

このプログラムは、労働者が自分の企業の株式を購入するために自己資金を投じることを必要としない（プログラムは、何よりもまず「金のない」[215：21]、あるいは「自分の貯蓄を自分の持ち分を得るために使う」[184：140] ことを望んでいない労働者を所有に関与させることを助成するためのものである）。とはいえ、労働者が基本的に自分の貯蓄で企業の資本を最短期間で購入しようと決意するならば、そうした可能性も排除していない。

ＥＳＯＰプログラムはアメリカ以外の国々にも広い関心を呼び起した。現在では、それぞれの国の特性に合わせた形で、世界の約五〇か国で実現されている。それはまず第一に、民営化を行っている国々、また年金制度の改革を行っている国々、さらにＥＳＯＰプログラムを、年金を含め企業を退職した後に利用できる労働者の貯蓄基金形成の効果的なメカニズムとみなしている国々である。例えば一九九二年六月九日にハンガリーで、アメリカやイギリスの相応の経験の分析にもとづいた特別なＥ

ＳＯＰ法が採択された。

❽労働組合の所有の形成。この分野では、イスラエルの労働組合センター「ギスタドルート」とアメリカの教員労働組合連合ＡＦＴが最も積極的である（後者は、最近、ＥＳＯＰの方式を用いて多くの工業企業を手に入れた）。

所有権にもとづく生産管理への労働者参加の、最も著名で同時にまた教訓的な形態はＥＳＯＰプログラムである。アメリカでは、このプログラムはおよそ一万二〇〇〇〜一万三〇〇〇の企業を包括している(10)。このうち二〇〇社だけが、倒産を避けるために労働者によって購入されたものである。「多くの企業は十分うまくいっていた。それらは労働者によって、あるいは経営から手を引いた経営者から、あるいは何らかの下部単位や工場を手離すことを決めた大法人企業から、購入されたものである」［189：334］。

ＥＳＯＰを採用している企業には一一五〇万人が就業しているが、これはアメリカの労働力の一二・五％に当る。ＥＳＯＰを採用している企業の中には、例えば、「ユナイテッド・エア・ラインズ」（八万人）、スーパーマーケット・チェーン「パブリック・スーパーマーケッツ」（八万人）、「アメリカン・テレフォン・アンド・テレグラフ」、「モービル・オイル」、「プロテクター・アンド・ギャンブル」、「モトローラ」、「ポラロイド」といったアメリカ・ビジネス界の巨人や、また数十人から数百人の労働者を抱えた多数の中小企業も含まれている。

右に挙げた数字や実例の意義を過大評価すべきではない。アメリカでは、「労働者株式所有」という用語は、企業の株式資本の一〇%から一〇〇%までの、資本参加のあらゆる割合を意味しうるからである。ここにアメリカにおける労働者所有の株式形態の規模にかんして、J・ブラジとD・クルーズがきわめて慎重な結論をくだしている根拠がある――「従業員所有として知られているものは、『氷山の一角』にすぎず、実際の規模については推測するほかはない」[166：312]。

それにもかかわらず、これまでになされた研究が示しているところでは、ESOPプログラムを採用している企業の総数から、労働者が企業の株式の半数以上の所有者であるような企業を抜き出すと、その数は九〇年代半ばまでに二五〇〇社を数えた。これらの企業には一五〇万人以上が就業していた[189：333]。労働者に属する株式の平均規模は、公開型株式会社では一五%から二〇%、閉鎖型株式会社では二〇%から三〇%のあいだにある。

ブラジとクルーズの見積りによれば、この一〇年間に、アメリカにおける労働者所有はいちじるしく増大した。株式の二〇%以上が従業員に属している企業は二〇余倍になった[166：10-11、31]。他の予測によれば、二〇〇〇年までにアメリカの国民経済の就業者の二五%がESOPプログラムに包摂されるようになる[62：185]。

アメリカの特殊性は、企業の将来の所得による労働者への株式分与プログラムを支援する広範な法的基盤をもっていることである。連邦レベルだけで、一九七四年以来、各種の特典供与――まず第一に税制上の特典、また政府貸付、政府の債務保証など――により労働者株式所有形態の形成を助成するために、二五の法律が制定された。そのほかに、およそ半数の州で、企業の所有者と労働者にＥＳＯＰプログラムを実施することを促すような法令が採択されている。

ＥＳＯＰプログラム実現のメカニズムはきわめて簡単である。このプログラムの導入を望む企業は、当該企業からは独立し、信託管理のもとにおかれる基金あるいはトラスト（Employee Stock Ownership Trust）を設立する。これは、法律により、企業の所有者から株式を購入するために銀行信用を受ける権利を与えられている（法律ではこうした目的の貸付の期間は一五年と定められているが、多くの銀行はＥＳＯＰに一〇年を超える期間の貸付けは与えていない）。

信用の返済（通常、借入金の完済には五年から一〇年かかり、その間企業は、信用を供与した銀行(11)と共同で基金またはトラストを管理する(12)）とともに、購入された株式は、一八歳に達し会社で一年以上働いている企業の恒常的労働者の個人口座に、賃金水準やその企業での勤続年数に応じて、分配される。

ＥＳＯＰプログラムの枠内では、基金（トラスト）は、銀行から、互恵的条件で貸付けを受ける。一九七四年のアメリカ租税法の改正（労働者退職所得保障法――Employee Retirement Income Security ACT［ERISA］）によると、株式購入のために基金（トラスト）に供与された信用の利子から得られた銀行利潤の半分は課税を免除されるが、この結果、ＥＳＯＰプログラムを導入した企業は、より低利で銀行から借入れることができることになる(13)。

そのほか、通例、毎年、銀行に元利を返済するために基金（トラスト）に掛け金を払い込む（法律によれば、この払い込み額は、ＥＳＯＰプログラムに加わっている労働者の賃金基金の二五％まで認められる）企業は、その分を課税される利潤から除く権利を受ける。言い替えれば、一連の義務の遂行を条件に、「会社は、税引き後ではなく、税引き前の利潤から債務を返済することができる」［201：357］。それは、会社のすべての労働者（指導的スタッフだけでなく）がＥＳＯＰプログラムに包摂されていること、マネジャーと一般の労働者との賃金の開きが六対一以内であること、その他若干の義務である。

税制上の特典はまた、ＥＳＯＰプログラムに参加している労働者にも与えられる。とくに、ＥＳＯＰプログラムの枠内で受け取る株式の配当に対する所得税の支払いは、彼らが年金生活に入るかあるいは職を変える時まで延期される。

労働者は、基金（トラスト）が銀行借入金を支払ったのち、定められたＥＳＯＰプログラム参加期間のあいだに（通常五年から七年）株式を所有する権利を受け取る。但し、年金生活に入るか企業を退職するまではそれを売却する権利はない。企業の株式が株式市場に上場されている場合には、労働者はそこで株式を売ることができるが、但しそれは同じ価格で自分の企業に株式の売却を申し出た後に限られる。

有価証券市場で流通しないいわゆる未公開株式である場合――これは「そこで働いている者のみが働いているあいだ」株式の所有者になりうる閉鎖型の会社で生じる――には、会社は退職する労働者から「未公開株」を買い取らなければならないが、そのさいの価格は、その会社の財務指標と、株式が有価証券市場で自由に売却されている類似の会社の指標との比較にもとづいて、独立の専門家（その数は二名以上でなければならない）によって毎年定められる。買い取られた株式は、残った労働者の個人口座に引き渡すために、再び基金（トラスト）に移される。会社の活動が順調な場合には、労働者はその株式資本の部分的あるいは完全な所有者となる。

管理的決定への労働者の参加という点では、状況はかなり悪い。ＥＳＯＰプログラムを導入しているおよそ一万二〇〇〇～一万三〇〇〇の企業のうち、一五〇〇企業でのみ労働者が生産の管理に参加しており、ＥＳＯＰのわずか一〇％でのみ企業の取締役会に一般の労働者が代表を送っている(14)。かなり稀な例外を除いて、アメリカの労働者＝株主は自分の企業の資本や利潤には参加しているが、対等な主体として生産の管理には参加していない(15)。

ＥＳＯＰプログラムを導入している企業は、労働者に株式を分配している企業に与えられる税制上やその他の特典を享受している。しかし一九七四年の合衆国法の改正は、こうした特典を得ようとする企業が管理的決定の採択のさいに労働者に議決権を与えることを義務づけてはいない。

アメリカの法律は、ヨーロッパの法律とは異なり、「自分がその主人公である企業の管理への労働者の参加を求めていないし、奨励すらしていない」[189：339]。そればかりか、法律は、アメリカで多数を占める閉鎖型の会社での労働者＝株主の議決権をかなり厳しく制限している。そこでは、労働者＝株主は、他の部類の株主とは異なり、株主総会で会社の売却、合併あるいは解散といった問題が提起される時しか議決権をもたない。アメリカの会社の中では明らかに少数派である公開型株式会社、いわゆるパブリック・カンパニー（株式公募会社）においてのみ、法律は労働者＝株式保有者にも完全な議決権を与えているのである。

この結果、J・ローグ教授が指摘しているように、大多数のESOPでは、「指導的機関と管理組織は伝統的な企業のそれと異ならない」(16)［189：340］。

かなり数少いいわゆる民主的ESOPでは、生産の管理への労働者＝株主のきわめて大幅な参加が見られる。ここでは労働者＝株主は、定款に従い、「一株主一票」あるいは（この方が多いが）「一株一票」の原則にもとづいて完全な「選挙権」を得ているだけでなく、しばしば取締役会への直接的代表権をも得ている。

労働組合のイニシアチブで購入された企業で生れた、最もしばしば適用される取締役会での役員の分配方式によれば、労働者＝株主を代表する取締役の数は、経営側を代表する取締役の数とほぼ同数でなければならない。このさい両グループは若干名の部外取締役を選任する。

但し、取締役会は、通常、年四回開かれ、事実上「会社の長期方針」の策定だけを行う。

多くの企業では、取締役会に直接代表を送る権利は、より低いレベルでの労働者代表（管理部代表と並んで）の「経営委員会」への参加権によって補完されている。こうした委員会は企業の活動の経常的な諸問題を審議するために週に一〜二回開かれる。ある企業ではそれは諮問機関の性格をもっており、別の企業では管理部にとって拘束力をもつ決定を採択する権利が与えられている。

そのほか、労働部署、労働者グループ（作業班）、職場（職区）のレベルでの生産の管理への労働者の直接的参加も行われている(17)。これは、通常、労働者とその代表者の管理的決定採択への参加（貸借対照表や会社の収支にかんする財務書類、その他の企業内の会計書類を理解する能力）の学習システムにもとづいて行われる［189：352-354］。

**【注】**

（1）有名なアメリカの専門家、ブラジとクルーズの評価によれば、一九九五年に、このようにして購入された株式は、アメリカの会社の被用者が所有する全株式の五％に当っていた。なぜなら多数の労働者は「賃金で多くの株式を購入するにはあまりにも稼ぎが少い」からである［166：12］。

（2）ブラジとクルーズの評価では、九五年に、このようにして購入された株式は、アメリカの会社の被用者が所有する全株式の一〇～一五％に当っていた。このようなプログラムは多くの企業がもっている［166：12-13］。G・シュマーレンが引いているデータによれば、一九二一年にドイツで初めてフリードリヒ・クルップ株式会社に出現した従業員株式は、九〇年代初めには、三五〇社ほどの株式会社の労働者に提供されていた［224：145］。フランスでは、九〇年代初めに、六〇〇から八〇〇の企業が約四万人の労働者に自分の企業の株式の購入のさいにオプション（株式購入選択権）を与えた［64：23］。

（3）ブラジとクルーズの評価によれば、九五年に、雇用労働者の全所有の五〇％以上がこのプログラムによるものであった［166：14］。

（4）一九九〇年一月にこの法律の全面改正がなされた。

(5)　アメリカ合衆国では、五〇万以上の会社が、従業員のさまざまな資本参加システムを利用している[87：7]。

(6)　「例えば、利潤率一〇％では、これらの会社の圧倒的部分はおよそ三五年たてば雇用労働者に所属することになろう」[173：92-93]。

(7)　メイドナー・プランの最初の案では、国内の各地域に基金を創設することが予定されていた。

(8)　一五か国で、労働者には一〇～二五％の割引きで売却され、少くとも一九か国では一〇％未満の割引きで売却された（移行経済諸国では、民営化企業の労働者への割引きの中央値はおよそ三〇％である）。民営化企業の株式をその労働者に割引いて売却する方法は、少くとも五〇の先進諸国および移行経済諸国で行われている[137：441-446]。

(9)　ブラジとクルーズの評価によれば、ＥＳＯＰ方式によって、アメリカの会社の労働者に属する株式の約三〇％が配分された[166：130]。

(10)　ＥＳＯＰの構想は、Ｌ・ケルソとＭ・アドラーが『資本主義宣言』（一九五八年）ではじめて打ち出した。ルイジアナ州選出のＲ・ロング上院議員（彼の父でルイジアナ州知事Ｈ・ロングは、Ｒ・Ｐ・ウォレンの有名な小説『王の家来たちも』の主人公であるＶ・スタークのモデルとなった）は、ＥＳＯＰプログラムを最も積極的に支持した議会における最初の代表者となった。最初のＥＳＯＰ企業（ＥＳＯＰプログラムを導入した会社）は五〇年代に現れた。

(11)　通常、銀行は、自己の代表者を基金（トラスト）の理事会に送り込むことを信用供与の条件としている。
(12) 企業の従業員の代表者が基金（トラスト）の理事会に入ることはきわめて稀である。
(13) 貸付資本市場では、銀行は、この種の税制上の特典をともなう貸付けの供与権をめぐって互いに競争する。その結果、こうした貸付けの利率は低下する傾向がある。
(14) 『巨大一〇〇〇社』のリストに入っている法人企業のほぼ半数で従業員が最大の株式保有者であるにもかかわらず、その代表者（経営者は別）が取締役会に入っているのはたった四社だけである……」〔166：304〕。
(15) アメリカの労働組合のデータによれば、ESOPプログラムを採用している企業の一八％でのみ、労働者は議決権のある株式をもち、七〇％では決定採択へのいかなる参加からも締め出されており、残りの一〇％では彼らの管理参加は「部分的」なものと評価された〔194：106〕。労働者＝株主が自分の会社の管理への全権利をともなう参加を欠いていることは、ESOPの経済活動の結果に否定的な影響を与えている。労働者所有の効率の問題を研究している多くの研究者がこうした事情を指摘している。とくにブラジとクルーズは、労働者の株式所有が「生産の問題への実際の参加をともなわない」場合には、「それは……たんに労働者を預金者にするだけであり、預金者の役割は過大評価すべきではない」、なぜなら「自分の持ち分を資本に投じた投資家は、通常、たんに利潤が入ってくるのを受動的に待っているだけ」だからだ、と指摘している〔166：314〕。
(16) こうした事情から、その民主的代案での労働者株式所有の支持者たちは、会社の「所有における集団的持ち分」に応じて取締役会に労働者の代表を確保することができ、株式所有者の権限に属するあらゆる決定の採択のさいの議決権を労働者=株主に与え、投票の秘密と「会社指導部の監督下に入らないこと」を保証し、ESOPプログラムに包摂されるすべての労働者に会社の経済状態やその将来計画にかんする情報を定期的に流すことを可能にするような、法改正を主張するようになっている［166：316］［189：45］。

(17)　生産の問題の解決にかんするグループや品質管理サークルの創設、「勤労生活の質」にかんするプログラムの制定など。

# 第三章　企業の経済活動の成果の分配への労働者の参加

先進諸国で、労働者にとって最も手近な形態での生産における諸関係の民主化は、賃金の大きさや技能資格水準に比例した（言い換えれば労働者の個人的労働貢献に応じた）、また会社の他の労働者の労働生産性および／または自分が保有する株式の数（持ち分の大きさ）に比例した、自分の企業の利潤への参加に現れている。

雇用労働者が、彼の個人的労働貢献に応じて利潤に参加する場合、労働者の所得は、固定的部分（基準賃金プラス各種の手当や援助金）と可変的部分の二つに分れる。前者の大きさは団体協約により（部門別その他の協定、またその最低限は法律によって）規定されており、可変的部分の大きさは、生産コストの削減や労働生産性の向上に、言い換えれば、個別的ならびに集団的な労働の最終結果（生産性）に依存している(1)。

例えば、日本の会社のかなりの部分では、利潤の一部がこのようにして分配されている。労働者一人当りでこれは平均年間基準賃金の約三分の一にのぼる。

企業レベルでの生産の成果への雇用労働者の参加のこうした形態は、ある国々では、例えばフランスで従業員五〇人を超えるすべての会社で見られるように（九〇年に改正・増補された一九六七年のフランスの法律）(2)、義務的性格をもち、あるいは、「使用者の考え」で導入され（九〇年初めから施行されたフィンランドの「労働者基金」法）(3)、あるいは使用者と会社の被用者との特別な協定にもとづいて導入されるか（五九年のフランスの法律その他）、もしくは労働者の多数の決定によって導入されている(4)。

多くの場合に雇用労働者が自分の会社の利潤に参加する追加的な（法律の規定にプラスして）可能性を与えるこの種の協定は、こうした協定が実施されるさいに供与される特典を受けるために、通常、税務機関に登録される（フランスだけで、八六年と九〇年の法律の枠内で、会社の利潤への雇用労働者の参加にかんするおよそ一万二五〇〇件の協定が結ばれ、イギリスでは七〇〇〇件以上の協定が結ばれた）。

例えば、八六年一〇月二一日のフランス政府決定第八六－一一三四号に従って、会社は、その経済活動の成果への労働者参加基金に控除された金額に等しい額を、課税対象利潤から減額する権利を得た（決定第二条によれば、この控除額は会社の従業員の年間賃金基金の二〇％を超えてはならない）。参加基金は、次の公式によって形成される。すなわち、

$$\frac{1}{2}\left(B-\frac{5C}{100}\right)\times\frac{S}{Ya}$$

ここで、Ｂ－純利潤、Ｃ－会社の自己資本、Ｓ－賃金への算入分、Ya－付加価値（同決定第八条）

同基金の資金は、その会社で六か月以上働いているすべての労働者のあいだで分配される（臨時雇労働者に対しては、一会計年度で一二〇日以上働くという暫定的な資格制限が定められている）。

税制上の特典の供与は、生産成果への雇用労働者の参加のプログラムを実施している多くの市場経済諸国で（例えばアメリカでは一九％の会社がこうしたプログラムをもっており、イギリスでは約三〇％、ドイツではおよそ一六〇〇社がもっている(5)）、それが、通常、当面の支払いではなく、本質的には年金プログラムである繰り延べ支払いを想定している、ということと関連している。

従って、会社の利潤から労働者の年金基金に入る資金は、年金の形で支払われるまでは課税されないことになる。しかし資金が形式的に年金基金にではなく、一定期間（フランスでは五年以下、ドイツでは最小限六年）封鎖される個人口座に向けられる場合でも、借入資金（会社が自己の労働者から借り入れた債務）とみなされるがゆえに、それは大幅な税制上の特典を受ける。それには、国家によってその大きさが規制される利子が加算される。

伝統的なタイプの会社の労働者=株主（出資者）は、自分に属する株式の数（出資持ち分の大きさ）に比例して、所有権にもとづいてその利潤に参加する。

管理・資本・利潤への従業員参加制度をとっている会社の労働者=株主（出資者、協同組合員）、また労働者所有にもとづく企業（ＥＳＯＰ企業、生産協同組合または労働者協同組合、「労働者株式会社」等）の労働者=株主は、通常、労働に応じても、資本に応じても、生産成果の分配に参加する。

モンドラゴン協同組合グループのメンバーがその所得に参加する方式は古典的なものと認められている。この方式によれば、おのおのの協同組合員に「内部個人口座」（「資本口座」）が開設される（そのいわゆる期首残高は、協同組合員となるすべての労働者にとって同一の出資金がそれに振り替えられることによって形成される）。協同組合の残差所得〔利潤〕の五〇％がこうした口座に振り込まれる（四〇％は各種の「集団的ニーズ」の充足に向けられる「集団口座」に、一〇％は協同組合員＝労働者の教育と啓蒙に用いられる［1：93］）。

〔残差〕所得のうち協同組合員に支払われるべき部分（その額は賃金水準(6)と労働者の技能資格とに依存する）がこの個人口座に定期的に振り込まれるである。

この同じ口座から、予備金が使い果された後の協同組合のありうべき損失もカバーされる。こうしたことによって、モンドラゴン協同組合のメンバーとしての労働者のモチベーションのための有効な手段だけでなく、所得を賃金だけでなく投資にも振り向けることへの直接的関心もまたつくられるのである。

「内部個人口座」から金を引き出すことは、その三〇％を差し引かれて協同組合を脱退するか（モンドラゴン協同組合グループの全歴史を通じてこうしたことは見られなかった）、あるいは年金生活に入る場合にのみ可能である。

支払利子は例外である。毎年、スペインの協同組合法が定めている出資金（これは協同組合への貸付けとみなされる）に対する四・五％の利子と、「リスクに対するプレミアム」として、一・五％が追加して支払われる［100：287-288］。

協同組合の所得への直接的生産者の参加のモンドラゴン方式の特徴は、経済活動の成果（賃金のほかに）の分配に、「臨時の」雇用労働者をも引き入れていることで、彼らは、他の生産協同組合あるいは産業協同組合で生じている状態とは異なり、自分が働いている協同組合のメンバーとして「ボーナス」を受け取るのである［100：287］。

【注】

（1）多くの労働組合は、雇用労働者の利潤への参加が「労働者の連帯を破壊し」、また「労働のための闘争」への彼らの決意を弱めることを懸念している。それゆえ労働組合は「一企業レベルよりも高いレベルでの利潤参加のモデルの方を選好する。例えば、基金を創設し、これに企業が毎年、蓄積される利潤への参加証書——それは議決権と所得取得権を与える——を引き渡すことが提案されている」［224：142］。

（2）一九九〇年までは、生産の成果への雇用労働者の参加制度の導入は、従業員一〇〇人を超えるすべての企業にとって義務的なものであった［87：7］。

（3）一九九〇〜九三年に、従業員三〇人以上の企業に就業している約一〇万人のフィンランドの労働者を包摂する約四〇の基金が設立された。九〇年の法律によると、労働者は、自分名義の「個人証券預金」開設後一〇年たてばこの預金を受け取ることができる。九六年には、労働者＝「個人証券預金」保有者は、五年たてばそれを受け取れるように改正された〔77：71〕。

（4）一九八六年一〇月二一日のフランス政府決定第八六－一一三四号第一条によると、会社利潤への労働者参加制度は、在籍する労働者の三分の二の多数による決定に従って導入されうる。

（5）これらのドイツ企業では、労働者の利潤参加は資本への参加によって補完されている〔224：141-142〕。

（6）モンドラゴン協同組合グループでの賃金は、次のような原則で定められている。

第一の原則。モンドラゴン協同組合での労働支払水準を、同じ職業と技能資格の労働者がバスク地方の他の会社で得ている賃金水準に照応させることを意味する外部連帯性。

第二の原則。協同組合員間での賃金格差を制限することを意味する内部連帯性。当初認められていた賃金格差は一対三であったが、のちに一対四・五（例外的な場合には一対六）とされた。比較のために言えば、伝統的なアメリカの会社では、所得レベルでの格差は一対五〇かそれ以上に達しうる〔242：43〕。

第三の原則。任意のメンバーの賃金水準にかんする、全協同組合員にとっての情報の公開性（ガラス張り）〔287：51-53〕。

# 第四章　産業民主主義の効率

産業民主主義の効率の評価は一連の困難をともなっている。

第一に、これまで行われた研究では、産業民主主義の効率は、もっぱら、あるいは主として、その経済的指標にもとづいている。社会的指標（所得分配のさいの公正さの程度、雇用の保障、労働者の自己実現と創造の可能性など）はいわば後景に退いている。

第二に、ミクロレベルでの生産における民主主義の経済効率の測定は、すぐれて、産業民主主義のある一つの形態（側面、方向）の実際的結果の分析にもとづいて、行われている。すなわち、

(a)　生産の管理への雇用労働者（労働者、労働者=メンバー、労働者=所有者）の参加

(b)　資産（資本）への雇用労働者（労働者、労働者=メンバー、労働者=所有者）の参加

(c)　利潤（所得）への雇用労働者（労働者、労働者=メンバー、労働者=所有者）の参加

第三に、産業民主主義の一つの形態（側面、方向）の経済効率の評価のさいにも、ある研究者はその形式的な指標（生産の管理や生産成果の分配の民主化が企業の活動や労働者の状態に及ぼす影響の

信頼できる実像を十分に捉えられないような）を用い、別の研究者は実質的な指標を用いているが、こうしたことは、何よりもまず、得られた結果の対比を困難にしている。

第四に、生産における民主主義や民主的に管理される企業の法的形態の諸変種が、同一の名称をもちながら国によって差異があることが、追加の困難を生み出している。例えば、スウェーデンとドイツの共同管理のやり方、あるいはスペインのモンドラゴン・グループの協同組合と伝統的なイギリスの協同組合の内部組織を比べてみれば十分であろう。

労働権および／または所有権にもとづいて、生産の管理および／または生産成果の分配への労働者参加のさまざまな形態を実践している企業の効率を経験的（計量経済学的）に比較する研究は、次のような種類の企業の経済活動の結果にもとづいている。

- 行政的な市場あるいは伝統的タイプの市場制度のもとで活動する、生産の管理と生産成果の分配の権威主義的システムをともなう国有企業
- 生産の管理と生産成果の分配の権威主義的システムをともなう私的企業
- 労働者が、管理の主体や資産（資本）の所有者ではないが、利潤の分配に参加している国有および／または私的企業
- 労働者が、管理の主体ではないが、資本と利潤に参加している私的および／または集団的（協同組合的）企業
- 労働者が、資産（資本）の所有者ではないが、生産の管理と生産成果の分配に参加している国有

および／または私的企業

■労働者が管理、資産（資本）、利潤（所得）に参加している企業

生産関数のツールを用いた最も本格的な分析が、前記の五つの種類の企業と、まず第一に生産協同組合、それも主として労働者（産業）協同組合に代表される第六番目の企業の活動結果との比較にもとづいて行われた（二年間の活動結果にかんして五〇〇のフランス企業、五年間について四一四〇のイタリアの企業、二〇年間について二四のイギリスの企業〔115：261〕。イタリアの建設業における二五の生産協同組合と六五の伝統的企業(1)〔146：1〕、イタリアのトスカナ州とエミリヤ‐ロマーニャ州での、一九八一年から八五年までの時期の四九の生産協同組合と三五の私的企業〔113：356〕、その他の調査）。またこれにはアメリカのＥＳＯＰ企業（ＥＳＯＰプログラムを導入した一一〇〇のアメリカ企業とこのプログラムを導入していない企業〔86〕、五五のアメリカのＥＳＯＰ企業と二九二の伝統的タイプの企業〔146：15〕、その他の調査）も含まれている。

産業民主主義の理論の結論と勧告にかんして実際に行われた検証は、一義的な結果には導かなかった。多くの調査が示したところによれば、企業の経済活動の結果に最も肯定的な影響を及ぼしているのは、企業の利潤（所得）への参加である(2)。

とくに、生産の管理と生産成果の分配への労働者参加のさまざまな形態の効率にかんする最も権威ある四三の調査の結果を分析したＣ・ドゥクリアゴスが証明したところによれば、労働によって管理

される企業での利潤への参加と生産性との連関を明らかにしようとした六つの調査の中で、二つではこの相関は正と認められ、四つでは統計的に有意なものと評価された。

利潤への労働者の参加が行われている企業でのこの連関を分析した一三の調査のうち、利潤への参加と労働生産性の向上との「統計的に有意ではない」負の相関を示したのはわずか一つの調査（八％）だけであった〔109：58、67〕。

経済的先進諸国二二か国の経済実践の分析にもとづいて、D・クージンを長とするロシア科学アカデミー経済研究所の研究者グループも、ほぼこれに近い結果を得た。このグループが行った計算から、〇・七五という相関係数〔利潤への参加と労働生産性向上との〕が導き出された。「これは最も高い指標である……。ここでわれわれが目にしているものは、生産効率向上のための最も強力な刺激の一つである。この指標では、アメリカが第一位を占め、第二位は日本、第三位はドイツ、第四位はフランスである」〔225：71〕。

企業の資産（資本）への労働者の参加の影響の結果はあまりはっきりしたものではなかった。多くの調査では、企業の資産（資本）の参加と生産の効率とのあいだの、「統計的に有意な」相関は明らかにされなかった。

C・ドゥクリアロスが指摘しているところによれば、労働によって管理される企業でのこの相関を分析した六つの調査中三つでは、相関は負とされ、一つの調査では「負の相関が統計的に有意であった」。他の二つの調査では、「労働者の所有と労働生産性との統計的に有意な正の相関」が認められた

(3)[109：67]。

企業の管理への労働者の参加が企業の活動結果に及ぼす影響を分析したさいにも、同じように非一義的な結果が得られた。

一方では、労働によって管理される企業（労働者協同組合を含む）は、そこに従事する者一人当りの純収入の極大化を志向して、雇用を減らし、それによって企業（労働者協同組合）に残った者の収入を高めるであろうとの、産業民主主義論の一部の論者の予想を確証しなかった。

他方では、労働によって管理される企業や労働者協同組合は長所をもっている（全体として労働生産性の高い指標(4)、生産成果の分配における公正の確保、資本利用の効率(5)、雇用の安全確保、自分の労働への満足感、生産における労働紛争や労働のモニタリング・コストの低さ、労働力の流動性や無断欠勤の低水準など）とともに短所をもっている（資本の不足とその結果としての投資不足、加齢化にともなうこの種のタイプの企業の活動効率の低下、その他(6)）。

全体として、労働によって管理される企業や労働者協同組合、またあれこれの温情主義的管理システムをとる企業の効率に対する労働者参加の影響は、ある研究者によっては、肯定的なもの、あるいはどちらかといえば肯定的なものと評価されており(7)[8：13][18：170][114：256][115：260]、他の研究者によっては中立的なものとして、第三の研究者によっては否定的なもの、あるいはどちらかといえば否定的なものと評価されている[121：469-506]。

C・ドゥクリアゴスの計算によれば、「一人一票」の原則にもとづく、労働によって管理される企業における決定採択への労働者の「民主的参加」と労働生産性との連関を分析している一一の調査のうち、七つの調査（六四％）では両者のあいだの正の相関の存在が認められ、二つの調査（一八％）では負の相関が、二つの調査（一八％）ではゼロの相関が認められた。

生産の管理への労働者の参加を実施している企業にかんする、この問題をめぐる三つの調査（二〇％）では、決定採択過程への労働者の参加と労働生産性とのあいだに負の相関の存在が認められた（三つの調査はすべて、ドイツの共同管理の経験と、経営協議会の法律による設置の結果の分析にもとづいて行われた）。これらの調査のうち二つでは、こうした相関は統計的に有意な性格をもっていた。

残りの一二の調査（八〇％）では、正ないしは中立的な連関が存在するとの結論がなされた［109・67］。

D・レヴィン教授とL・タイソン教授がその本格的な集団的研究『生産性の代価』の中で引いている計算によれば［47・198-203］、生産の管理への労働者の参加の程度が高い企業は、この程度が低い企業よりも、平均してよりよく活動していた。

すなわち、こうした企業では、労働生産性は一五％、資本効率は一一七％、充用資本利潤率が三三％高かった。ごく稀な例外を除いて、労働者に管理におけるより大きな権限を与えることは否定的な効果をもたらさなかった――とレヴィンとタイソンは結論づけている。

こうした現象を説明して、労働者所有全国センター（アメリカ）会長C・ローゼンは次のように述べている――「アメリカの労働者は、自分の福利のための労働と、たんに彼を雇っている会社の利益のための労働との違いを鋭く感じとっている」[139：3]。

先に挙げたＤ・クージンを長とするロシア科学アカデミー経済研究所の研究者グループも、生産の管理への労働者の管理と労働生産性とのあいだの統計的に有意な正値の相関係数（〇・五九）を得て、似たような結論に到達している。「ここで第一位にあるのはドイツである……（アメリカはこの指標ではようやく第一四位を占めている）。これが生産効率向上の強力な要因であることを疑うことはできないだろう。係数は〇・五九である。それでもこの指標は、資本購入プラン、利潤への参加等の指標に比べればいく分劣っている」[225：72-73]。

生産における民主主義のさまざまな形態（変種）の効率の問題にかんする、すでになされた調査の分析が示しているように、最大の肯定的な効果を達成しうるのは、第一に、例えばモンドラゴン協同組合(8)あるいはアメリカの「民主的ＥＳＯＰ企業」に見られるように、企業の管理、資産（資本）、利潤（所得）、従ってまた損失への労働者の参加が組み合わされている場合である。

例えば、アメリカ政府の会計検査院が行った、ＥＳＯＰプログラムに包摂された一一〇〇のアメリカ企業の、最も大規模で方法論的にも最も手堅い調査は、労働者に株式を分与した結果これらの企業の経済活動の指標が改善されたといった、安定した、統計的に有意な傾向を示さなかった。それと同時に、ＥＳＯＰプログラムが、管理的決定採択の過程への労働者の実質的参加のプログラムによって補完される場合には、生産性水準に、安定した、統計的に有意な肯定的な変化が見られたのである。

とくに、管理職の中に含まれない労働者がその管理に参加していたESOP企業では、労働生産性は、古い生産管理システムを維持していたESOP企業に比べて五二％も高かった(9)［86：3、4、30］。

第二に、管理、資産（資本）、利潤（所得）、損失への労働者参加のシステムにもとづく企業が、他の企業と対等な法的条件に置かれるか、ましてイタリアのエミリア‐ロマーニャ州の労働者（産業）協同組合のケースのように国家や地方自治体の支援を受けるような場合には、産業民主主義の効率は高くなる。

第三に、とくにモンドラゴン協同組合や、イタリアやフランスの労働者（産業）協同組合の経験がはっきり示しているように(10)、企業によって支援組織がつくられる場合には、民主的に管理される企業の発展能力は高められる。

産業民主主義の原則にもとづく企業の活動の効率を高める追加的な条件（要因）として、次のようなことが明らかになっている。

❶ 雇用の安全確保（長期契約の条件のもとでの労働）。レヴィン教授とタイソン教授が指摘しているところによれば、「労働者は、それが労働場所の縮小に結びつくようなものなら、効率〔企業の活動の─引用者〕の向上を目ざそうとはしないだろう。労働場所が維持されるという保証が得られるのであれば、効率向上への労働者の危惧は減るであろう」ということを経験的な調査は示している。それだけでなく、「長期にわたって雇用される労働者は、大きな時間的視野をもち、より効率的な組織

〔彼らの労働の―引用者〕をつくるためにむしろ短期的な利益を犠牲にすることもできる」〔47：205、210、214-216〕。

❷労働者の権利の保証（尊重）。これは何よりも「彼らの会社への信頼を高める」〔47：212、214〕。

❸会社での賃金「フォーク」〔上下限〕の制定。「賃金水準の格差を制限することは」――とレヴィンとタイソンは指摘している――それなしには現在の生産条件のもとで、高い経済的ならびに社会的指標の達成を期待することが困難な、「労働者と管理部との信頼関係の確立を促す」〔47：205、214-216〕。社会的指標の中では、企業や社会全体での社会的な温度を示すインディケータが特別な意義をもっている。すでに人類文明の揺籃期に、プラトンは、所得における大きな分化がもつ危険性を予知していた――「最も富裕な市民の所得が、最も貧窮な市民のそれを四倍以上上まわることを許すような国家は、暴動を招くことになる」〔252〕。

生産における民主主義の本源的な非効率性の証明として、ユーゴスラヴィアの労働者自主管理の経験を持ち出すことは、根拠のあるものとはみなしがたい。

ユーゴスラヴィアでは、政治・経済生活の真の民主化を妨げてきた一党制のつい最近までの存在(11)、企業がそれによって他の共和国からの競争から守られることになった、ユーゴスラヴィア連邦の個々の共和国政府による経済活動の規制、存続した非採算的（自己の責任によるものも含め）企業に対する補助金供与、資本や先進的テクノロジーへのすべての企業にとって平等なアクセスの欠如等々によって、産業民主主義の最高の形態の発展のために必要な条件や前提は結局つくられなかった。

しかし、労働者自主管理の成立にとって決して好ましくないこのような状況のもとにあったにもかかわらず、ユーゴスラヴィアは、多くは生産における民主主義の拡大のおかげで、第二次大戦前にこの国がおかれていた後進的状態からの力強い飛躍をなしとげ（一九五二年から六六年までに、この国は、フランスからの経済発展の立ち後れを一三〇年から五三年に、ベルギーからは一〇〇年から四三年に、スウェーデンからは九〇年から四四年に、イタリアからは五〇年から一〇年に、縮めた〔120：13〕）、東中欧諸国、また西側諸国の経済に比べてより高い経済指標を達成することができた。一九五〇年から八五年までの三五年間をとれば、ユーゴスラヴィアは、世界で最も高い経済成長率を記録した国のベスト・シックスの中に入っていた。

労働者自主管理のいわゆる「黄金時代」（一九五三〜六五年）に、工業生産の年間成長率は、ユーゴスラヴィアでは、一一・八％、東欧諸国では八・七％、西欧諸国では七・一％で、年間の労働生産性上昇率は、ユーゴスラヴィア─四・七％、西欧諸国─三・三％、東欧諸国─三％であった〔97：316〕。

**【注】**

（1）「この部門が注目されるのは、建設協同組合が長い活動の歴史をもち、規模の点で伝統的な企業と比較可能であり（少くとも雇用の指標で）、その大部分が新しい企業としてつくられて、伝統的企業からの改造によって生れたものではないからである」〔146：1〕。

（2）「〔労働者の〕グループのレベルでの利潤分配への参加は、労働者が高い労働強度を保ち、お互いに監督し、仕事を怠ける者に罰金を課すよう促す」〔47：209〕。

（3）ある調査データによれば、株式市場に上場された、ESOPプログラムを採用しているアメリカの会社の株価は、一九九二年から九五年までの期間に八四％上昇したが、労働者が資本に参加していなかった伝統的タイプの会社の同様の指標は、同じ期間に五三％しか上昇しなかった〔281：158-159〕。

（4）「多くの証言が示しているのは、勤労者自身の手に完全な責任と権力が委ねられている労働部署での民主主義は……労働生産性の増大の加速化と企業活動における大幅な〔費用の〕節約に強力な肯定的効果を及ぼしている、ということである」〔192：474〕。

（5）J・ドフルニ教授（フランス）が行った計算では、伝統的タイプの私企業は、通常、「民主的に管理される企業」に比べて、生産された生産物一ドル当りでより多くの資本を費している、ということが示されている。これは、例えば、労働者協同組合が、類似の生産を行う伝統的タイプの私的企業に比べて、二倍も高い資本利用効率指標を示しているフランスで観察される〔98：55-78〕。

（6）「長期的分析は、協同組合の生命力、資本主義企業に比べてのより急速な成長への能力を示した。しかし成熟した年齢になると、協同組合は資本主義企業より効率的でなくなる」〔38：167〕。

（7）「管理への労働者の参加は、通常、企業の機能にいくらか短期的な改善をもたらし、時としてその活動に本質的な長期的変化を呼び起すが、稀な例外を除いて、それは否定的なものではない、との一般的な結論をくだすことができる」。このさい、「遂行される作業が手作業的なものであれば、労働者の管理への参加が生産性の上昇に及ぼす作用はおそらくわずかなものであろう。しかし用いられるテクノロジーが生産者に高度の柔軟性を求め、作業が複雑な性格をもち、その遂行のために大幅な行動の自由を必要とし、作業の遂行への監督がかなり高くつくようであれば、管理への労働者の参加はおそらく労働生産性の上昇を促進するであろう」〔18：203-204〕。

（8）一九六五年から九〇年までのあいだに、スペインの工業生産は三〇倍に増えたが、モンドラゴン協同組合ではそれは三〇〇倍に増えた〔148：7〕。

（9）「多くの調査は、労働者の所有と参加的管理とが結合されている会社では、年間成長率が六％から一一％にのぼることを示している」〔132：1〕。

（10）フランスでは、すべての生産協同組合が売上高の〇・三％を協同組合連合に控除しており、これは数十億フランに達している。この資金によって、新協同組合支援基金や、また国のあらゆる地域に分権化されたコンサルティング・ビューローがつくられた（一人のコンサルタントが平均二五の協同組合の相談に応じている）。協同組合の利潤の一定比率での控除によって融資される同様の組織が、イタリア、また他の一連の諸国でも存在している〔203：84〕。

（11）ホルヴァートは、こうした事情を指摘して、「政治的民主主義は経済的民主主義がなくても存在しうるが、経済的民主主義は政治的民主主義なしには存在しえない」という議論を呼びそうな思想を述べている〔119：338〕。

# 第Ⅲ部　ロシアにおける産業民主主義——現状と課題

# 第一章　体制転換と企業における労働者の地位の変化

ロシアで生じている社会体制の転換は、何よりもまずミクロレベルでの社会＝労働関係のタイプの転換をともなっている。以前の、国家＝温情主義的なタイプの関係——ここでは、国家＝使用者がこうした関係の唯一の、あるいはいずれにせよ主要な、主体であり、これに対して労働者は、もっぱら、あるいは主として、働きかけの対象として現れていた——は、新しいタイプの関係にとりかえられつつある。

社会＝労働関係のタイプの転換のさい、経済権力の民主化の全世界的傾向だけでなく、わが国にある既成の価値や伝統をもしかるべく考慮に入れておく必要がある。

ロシアの特異性の一つは、社会的公正という思想を、最高の道徳的価値として大多数の国民が信奉していることである。ここから、少なからぬ程度に、所有権を絶対的で完全な権利としては受け入れないといったことが生じてくる。N・ベルジャーエフは、正当にも、「ロシア国民には、ローマ法の所有観念はつねに無縁なものであった。私的所有の絶対性はつねに否定されてきた。ロシアの意識にとって重要なのは、所有の原則に対する態度なのではなく、生身の人間に対する態度なのである」［162：49-50］、と指摘した。

このようなローマ法的な意味での所有の拒絶は、いわゆる一般の人々に特徴的なことであるだけでなく、ロシアの歴史が示しているように、財産（経済権力）の所有が、一定の権利（しかも決して絶対的なものではない）を与えるだけでなく、まず第一に自分の労働者に対する義務をも負わせるものだということを理解していた、わが国の企業家の一部にとっても、特徴的なものである。

例えば、モスクワの「トリョフゴールナヤ・マニュファクトゥーラ」の創立者（一七九九年）の一人、T・V・プローホロフは、「工員に対する経営主の権利」と「経営主に対する工員の権利」とを規制する契約をつくり、これを断固として実施に移した［188：32］。

労働と生活の組織の一定のタイプとしての自主管理的共同体の思想が、とくにロシア人にとって抱きつづけられている魅力（ロシアにおける労働者と労働組合運動にかんする著名な研究者であるL・ゴルドンは、ソビエト時代に形成され、多くの点で現在のロシアでも維持されている、労使関係のロシア的システム（文化）の本質を規定するために、「一種の産業共同体」という概念すら用いた(1)）、何よりもまず、アルテリ＝協同組合形態での労働民主主義の古くからの伝統(2)、パーベル・フロレンスキーが、各自が完全に自由に声を出しているのに調和的統一が保たれているロシアの歌唱になぞらえた、かの公同性［172：23］、その社会的教義が清廉派〔一六世紀前半のロシアで教会の土地所有に反対した教会内の流派〕の思想や人々の協力や連帯にもとづいている（例えば、プロテスタントとは異なって）ロシア正教の復活等々が、このことを証明している(3)。

生産における労働者の自主管理が、世界ではじめて、ロシアで登場したのも驚くべきことではない。「有名な、しかし必ずしも最古というわけではない証拠の一つは、一八〇三年にさかのぼる。この時、ペテルブルグに近い『クラスノセリスカヤ製紙工場』では、労働者は工場主と、工場を一定期間労働者自身の管理におく、との契約を結んだ。活動を指導するために、彼らは仲間の中から職長を選び、自分たちで労働日の長さ、作業の手順、賃金の分配を決定した」[199：19]。

ロシアはまた、すでに一九一七年に、種々のレベルでの国民経済の管理に勤労者が実質的に参加する制度――工場委員会その他の選出の労働者統制機関から全ロシア労働者統制評議会にいたるまで――が生まれた最初の国でもあった。労働者農民代表ソビエト、社会団体、何よりもまず労働組合もまた、経済の管理で積極的な役割を果した。

生産の管理への勤労者の参加は、はじめから実効性のあるものであった。企業における労働者統制機関の決定は、その管理部にとって義務的であり、全ロシア労働者統制評議会のメンバーは、正式なスタッフとしてロシア社会主義連邦共和国最高国民経済会議に加わった。

まもなく生産における民主主義の萌芽は事実上消滅することになった。政治部面での民主主義の欠如、国家的所有の独占、労働組合の国家化、労働の強制的性格と市場的経済規制メカニズムの最小限への圧縮のもとで、産業民主主義は、表面的には依然として経済生活の尊重さるべき要素であったとはいえ、形式的なものにならざるをえなかったのである。

種々のレベルでの国民経済管理の権威主義的システムへの移行は、勤労者の側に経済決定採択への参加のしかるべき経験や技量が欠如していたことから、生産に民主主義を導入しようという初期の多くの実験がうまくいかなかったことによって、いとも簡単に進められることになった。そればかりでなく、生産の民主化のための物質的・文化的・組織的前提の不足が痛切に感じられた(4)。

ノメンクラトゥーラによるこの国の経済権力の簒奪と、企業内部でのテーラー主義的な労働組織化にもとづく権威主義的システムの成立（存続）の結果、労働者は、何のために働くか、いかに働くか、いくらで働くか、といった根本的な問題の決定から事実上締め出された。

こうしたことは、直接的生産者の惰性的態度と労働への関心の低下を招き、これがソビエト経済の深刻な危機の主要な原因の一つとなった。生産の管理や生産成果の分配の部面での勤労者の状態を何らかの形で本質的に変えることなしには、ここから抜け出すことは不可能であった。生産における関係を改革する必要があることは、支配的ノメンクラトゥーラの一部も認識するようになった。

すでに旧体制のもとでも、その最終段階で、とくにペレストロイカという曖昧な概念（その初発から何を何に建て直すのかが不明確であった）のもとで行われた改革の実施期に、何よりもまず企業レベルで、労働者とその機関を決定採択のプロセスに引き入れるための一定の措置がとられたのも驚くべきことではない。

とくに、一九八三年六月一七日の「労働集団および企業・施設・組織の管理におけるその役割の向上について」のソ連邦法〔「労働集団法」〕の採択後、労働集団は、企業の活動の展望計画および短期計画案の策定に参加し（これらは労働集団による討議を経たのちに承認さるべきものとされた）、また「計画や契約義務の履行状況について」の管理部の報告を聞き、管理部に「しかるべき勧告」を行う権利を得た（同法第六条「経済・社会発展計画化における労働集団の権限」）。

生産の管理の面での労働集団の権利は、一九八七年六月三〇日の「国有企業（合同）について」のソ連邦法〔「国有企業法」〕によって大幅に増大した。

何よりもまず、企業の労働者総会（協議会）や労働集団評議会の権限の枠が拡大された。それは、多くがそれまで管理部の権限であった生産や企業の社会政策・人事政策の広範な諸問題にまで及ぶようになった。すなわち、企業の経済・社会発展五か年計画とそれにもとづく年度計画の検討と承認、その遂行へのコントロール、企業の管理や組織構造の改善にかんする諸問題の解決、生産・科学技術発展フォンド・物質的報奨フォンド・社会発展フォンドの利用、職長・作業班長から企業長にいたるまでの指導者や労働集団評議会(5)の選挙（通常、具体的な状況によって、秘密投票または公開投票で）(6)、その他である。労働集団に対する企業管理部の報告義務もまた強められた（同法第六条「企業の管理」および第七条「労働集団評議会」）。

それと同時に、労働集団には、企業管理の分野での運営上の権限は与えられなかった。この法律の中心的規定の一つである自主管理は、実際には結局導入されないままに終わった。

宣言された自主管理原則からの明らかな後退は、一九九〇年六月四日に採択された「ソ連における企業について」のソ連邦法（「ソ連邦企業法」）の一連の条項でも規定されていた。例えば、第一四条「企業管理と自主管理の組織化の一般原則」第三項では、企業活動にかかわる社会経済的諸問題の決定への労働集団とその代表機関の参加についてのみ述べられていた(7)。

そのほか、同じ条文の第二項によれば、国有企業の勤労者に対して、以前に与えられていた指導者を選挙する権利が否定されただけでなく、その選任（雇用、任命）に参加したり、候補者について意見を述べることすら禁じられた(8)。

この規定は、企業の指導者の代理、管理機関の部局や構成上の下部単位（工場、職場、部、支部、職区、その他）の指導者、職長や古参組長にも適用された。例外は作業班長（ブリガジール）の選挙（秘密または公開投票による）だけだったが、ここでも作業班（ブリガーダ）の決定は、これらの作業班が属している単位の指導者の承認を必要とした（同法第二〇条第一一二項）。

企業の新しい管理機関である企業評議会（理事会）も自主管理の原則によらずに形成することが規定されていた。先の法律の第一八条第一項によれば、企業の設立者によって承認される企業の定款に別の定めがないかぎり、企業評議会は企業の資産の所有者によって任命される代表者と、労働集団によって選ばれる代表者とから同数で構成されることになっていた（第九条「企業の定款」第二項）。

ロシアの領内にあり、ロシア連邦共和国の管理機関の管轄に移された、連邦所属国有企業の労働集団は、より有利な状況にあった。

九〇年一二月二五日に採択された「企業および企業活動について」のロシア共和国法（「ロシア企

業法」によれば、国有企業および地方自治体企業、またその資産中の国家または地方ソビエトの出資分が五〇％を超える企業の指導者の任命または選出は、労働集団と共同で設置者によって行われる。指導者の雇用のさいの契約条件もまた、労働集団と共同して規定されなければならないものとされていた(9)。

ソ連末期の、生産管理における民主的原理のこうしたジグザグな発展は当然であった。宣言された民主主義と、社会と経済で支配的地位にあるノメンクラトゥーラ層とは、両立不可能であった。彼らは、新しい衣をまとっているとはいえ、なお維持されている権威主義的な経済運営システムや、民営化される企業の株式を特恵的な条件（オプション）で購入するか、あるいは無償で（プレミアムとして）取得すらすることによって(10)、国有資産の一部をこっそりと（まだ当時は）、法的に正式な形で自分の所有に引き渡し、また国家的所有のもとに残されている（少なくとも一定期間）ものを処分しつづける権利を、あるいは少なくともその可能性を、自分のために確保しようとしたのである。

国家的所有の処分権を連邦内閣に委ねるとする連邦議会の決定が少なからずこのことを助長した。内閣は国有企業の処分権を連邦省に「再委任した」が、これは労働集団の権利をいっそう削減しかねなかった。省または省にもとづいてつくられたコンツェルンは、〔企業の〕計画利潤だけでなく計画超過利潤をも分配し、〔企業〕管理部や監査評議会メンバーなどを選ぶ可能性を得たからである。

生産自主管理――経済の分野での最も発展した民主主義の形態――は、ソ連、また現在のロシアにおけるその反対者の見解によれば、それに固有な欠陥をもっているがゆえに、そもそも本来的に不効率だとされた。そしてこのテーゼが、ペレストロイカ初期に労働者に与えられた企業管理の面での労働者とその機関の権利を制限したり、生産における民主主義をたんなる労働者の管理参加――生産とその成果の分配の主要な問題の決定はその埒外におかれる――に矮小化することを正当化する概念上の根拠とされた。

もちろん、生産自主管理には、すでに指摘されたように、通常その反対者が無視している利点とともに欠陥もある（企業レベルでの生産における自主管理をめぐる賛否両論の論拠の列挙とその分析は、本書第Ⅰ部第三章第一節で、実際的な分析は第Ⅱ部第四章でなされている）。

生産における民主主義と経済効率との関係が正比例的ではないことは認めなければならない。そればかりか、一定の条件のもとでは、経済権力の民主化の過程は、一時的に、マクロ・メゾ・ミクロレベルでの経済指標の低下に導くこともありうる。

しかし産業民主主義（その発展した形態を含めて）と経済効率とは、IMF、世界銀行、OECD、EBRDのエキスパート・グループのメンバー――G7首脳会議の勧告にしたがって準備された報告書『ソ連経済――結論と勧告』（ヒューストン、一九九〇年）の著者たち――が示そうとしているように、敵対的に対立するものではない。「他国での労働者による企業の管理の経験はみじめなものであった」という、この本の主要な結論の一つは、企業レベルでの経済権力を次のように――すなわち、権力を資本市場では所有者に、労働市場では労働者に、生産過程では経営者に――分割することが合目的であるということを基礎づけるさいに、わが国の生産自主管理の反対者によって積極的に利用されたし、今なお利用されているのである［266：124-125］。

九一年の八月事件とそれに続くソ連邦崩壊以後、ロシア連邦では、全国家的利益を考慮しつつ、さまざまなレベルですべての生産参加者の基本的諸利益のバランスを保障し、労働者・使用者・国家の三者の対等な協力にもとづくこれらの利益の実現を達成すべく、社会的パートナーシップへの移行という路線が宣言された（国家は、国有企業あるいは国家コントロールのもとにある企業にかかわる所有者・使用者としての機能のほかに、社会=労働関係の「調整者」、生産における紛争のさいの調停者としての役割を果すべきものとされた）。

労働者と使用者との社会=労働関係の鋭い対決的なタイプから社会的パートナーシップ関係への移行は、生産の管理と生産成果の分配への労働者の対等な、あるいは少なくとも実質的な、参加——直接的には、商品やサービスの直接的生産者として、間接的には、組織のメンバー（参加者）として（株式または出資持ち分の所有者である場合）——を必要とする。

わが国で行われている改革の過程では、営利組織レベルをも含めて、生産における諸関係を若干民主化する方向で次のような最初の措置がとられた。

■団体協約の作成・締結・履行の法的基礎の制定(11)。

■民営化される企業の労働集団に次のような権利を与える。すなわち、ロシア国家資産管理委員会〔現在、国家資産省〕に民営化にかんする提案を行うこと、自分の企業の民営化の実施にかんしてイニシアチブをとること、民営化委員会に代表を送ること、民営化委員会が検討を義務づけられている企業民営化計画原案を作成すること、民営化計画の合意に加わること(12)、労働者集団にとって好ましい民営化方法について意見を述べる――これは民営化委員会が推薦する民営化方法を選択するさいに考慮に入れられるべきものとされた――こと(「一九九一年民営化法」第四条第二項、第一三条第一項、第一四条第四項、第一五条第三項、「一九九七年民営化法」第一五条第五項、第二〇条第三―七項)。

■労働集団の同意の上でのみ、国家的所有のもとにあるワンセットの株式を信託管理に引き渡す(一九九二年七月一日のロシア連邦大統領令第七二一号「国有企業とその自発的統合体の株式会社への改組にかんする組織的方策について」)。

■「使用者、その統合体(連盟、協会)、国家権力機関および地方自治体機関から社会=労働問題にかんする情報を、無償で支障なく受け取る」権利(一九九六年一月一二日「労働組合とその権利および活動の保証について」の連邦法第一七条)、また「社会的用途の施設を含め、国家および地方自治体の資産の民営化にかんする委員会に自己の代表を送る」権利(同法第一一条)を労働組合に与える(13)。

■民営化方法のリストの中に、全部または部分的に賃貸に出された国家または地方自治体の専有企業〈＊1〉の資産の買取りを含める(国家民営化プログラム、ロシア連邦主体民営化プログラム、地方自治体代議機関の決定によって定められ、また企業の労働者集会のしかるべき決定がある場合に)。国家専有企業の資産の、労働者による市場価格での買取り権つきの賃貸を通じての民営化（バウチャー後民営化の段階〈＊２〉で）の実施の方法と条件は、ロシア政府が定める（「一九九一年民営化法」第一五条第二項、「一九九七年民営化法」第一六条第一項、第二〇条第八項、第二六条）(14)。

■国有企業または地方自治体企業の労働集団メンバーによって、購入者として企業を取得するべく競売または公募入札に参加するために設立された人的会社（株式会社）に次のような特典を与える（この人的会社または株式会社が、民営化される企業の在籍労働者数の三分の一以上を統合している場合に)。すなわち、(a) 売却代金の分割払い（売却資産の購入の場合を除く）(15)、(b) 人的会社（株式会社）に入っている労働者の人数に比例した、経済的刺激フォンド資金残高の一部の利用、(c) 当該人的会社（株式会社）とその他の購入者とが等しい応札条件を出した場合に企業を優先的に取得する権利（「一九九一年民営化法」第二四条第四項）(16)。

■民営化企業の株式をその労働者に、一部は無償で（バウチャー民営化段階で）(17)、一部は選択された民営化特典供与方式〈＊３〉に従って特恵的条件で（バウチャー民営化段階で）(18)、あるいはバウチャー後の民営化過程でつくられた公開型株式会社について国家民営化プログラムで規定された方式で、売却する(19)（「一九九七年民営化法」第四条第二項、第一六条第一項、第二五条第一項)。

■企業労働者株式化基金（ФАРП）の創設。国有企業または地方自治体企業にもとづいてできた

（商業的公募、および投資的公募、競売によって民営化される企業を除く）株式会社または人的会社の労働者は、民営化計画に応じて企業の定款資本の一部分としてこうした基金が形成されている（労働集団の同意を得て）場合には、この基金から株式（持ち分）を取得する権利を得た。企業労働者株式化基金の形成についての決定は、購入者との協定にもとづいて採択されるものとされた。この基金の規模は、国家民営化プログラムで規定された民営化特典の第二方式を労働者が選択した場合には、定款資本の五％、特典の第一方式を選択した場合には一〇％を超えることはできない。企業労働者株式化基金の規模についての最終決定は相応の資産管理委員会が行うべきものとされた（「一九九一年民営化法」第二五条、九三年三月九日のロシア連邦政府決定第二一三号「企業労働者株式化基金の形成方法の承認について」）。

■〔企業の〕生産的・社会的発展のために予定された（減価償却を除く）特別フォンドの資金のうち法律で定められた一部分、また企業の固定資産の販売によって得られた利潤のうち法律で定められた一部を控除した、民営化基金の創設。民営化基金には、公募入札または競売によって民営化された企業の株式（民営化された企業の労働集団メンバーに売却される株式を除く）の売却収入の一〇％が国家資産基金〔国有資産の売手機関〕によって振り込まれるべきものとされていた。この民営化基金の資金は、企業の労働者およびこれと同等とみなされる者に開設される個人口座に記帳された。これは労働者の委頼により、民営化される国家的所有または地方自治体的所有の施設の株式を彼らが取得するさいに、利用することができた。

こうした民主化措置にもかかわらず、われわれの考えでは、〔ロシアにおいて〕営利組織のレベルで、社会的パートナーの原則にもとづいて生産における新しいタイプの関係が成立したと結論づけるのは時期尚早であると思われる。一連の客観的・主観的事情が、ここで観察されている現象の発展とは反対に作用している。

第一に、新しい所有者階級は形成途上にあり、この過程はまだ完了にはほど遠い。そして資本の本源的蓄積の段階では、新しい所有者は、通常、自己の資本を最短期間で、しばしばいかなる手段によってでも増やそうとし、自己の社会的安全についての配慮は後回しにするのである。

第二に、社会的パートナーシップの主体としての雇用労働者もまた形づくられていない。労働者のあいだで、その組織の活動の中心的諸問題の解決に当って受動的な気分が支配的であること（おそらく長期にわたる賃金支払いの遅延や工場の閉鎖といった状況になれば別であろうが）は偶然ではない。

第三に、生産部面での社会的妥協の探求と発見を目ざす、改良主義的志向性をもった有力な労働運動や労働組合運動が欠如している（自主管理、労働者統制などのスローガンを掲げた、経済権力の働く者に有利なラディカルな再分配という思想を一貫して擁護するような、大衆的な労働運動・労働組合運動も、同様に、存在していない）。

第四に、多くの営利企業や非営利企業（まず第一に非国有企業）で、雇用労働者を代表する交渉の基本的な主体である労働組合が活動を停止している状況が見られる。労働組合に加入している労働者・職員の総数と割合が減少している（組織率はソ連時代に比べ、データによって違いはあるが、一・五分の一から二分の一になった〔254・72〕)。このことは、かなりの程度に、団体協約が締結されている組織の割合の減少をもたらしている(20)。

第五に、この国では、妥協を見い出すことによって社会経済問題を解決するという根強い伝統や文化が欠けている。ところがそれなしには、社会的パートナーシップはそもそもありえないのであり、そこで生じるのは、ただ、弱者に対する強者の押しつけだけである。

第六に、生産における社会的パートナーシップの関係への移行を、少なくとも一時的にであれ完全に阻止しないまでも、疑いなくきわめて困難にしている、深刻な経済危機が（しかも経済だけではないが）続いている。

第七に、ヤミ経済の形でも、また生産における諸関係の強権的な規制方法の利用をともなう合法的経済の形でも、国民経済のトータルな犯罪化の過程が急激に進行している〔176・29-30〕。一般的な無法状態、したがってまた国家や国家機関への不信が、少なからずこれを助長している。

第八に、所有者（合法的・ヤミ的・犯罪的な）、高級経営者（その大部分は、主として、致富化と生産における権力維持の狭い打算的な利益を追求している）、労使者（その状態は、今のところ一般に悪化している）、それに国家権力機関（稀な例外を除いて、労使関係の分野での社会的調停者としての自己の機能を遂行していない）とのあいだに、事実上、信頼が欠けている。こうした信頼がなければ社会的パートナーシップは原則として不可能である。しかし賃金水準の分化が九〇年代初めの一対四から現在一対二六にまで拡大しているもとで、どのような信頼がありうるだろうか？　若干の非公式のデータではこの格差はいっそう大きい。企業の一般の労働者と企業長との賃金の相関の分化はとくに大きい。多くの場合この格差は一〇〇倍以上に達している［228：40］。

生産における、まず第一にミクロレベルでの、社会的パートナーシップ関係の成立にとっての主要な障害は、九二年以来とられている、過渡的タイプの経済における権力＝経済関係の改革のロシア的変種の実現をめざす路線である。それは、所有の、つまりは政治的・経済的権力の、ごく一部の層（政府の悪名高い現行民営化プログラムの作成者によって公然と認められているような、「戦略的所有者」）への加速的な集中を一義的に追求し——公式の宣言などおかまいなく——、直接的生産者を生産の管理から、また生産成果の分配への参加から法的にも疎外する（事実上では、彼らは旧体制のもとでも所有から疎外されていた）ことをめざすものである。これは不可避的に、決して労働と資本との協力ではなく、その対立に、導くことにならざるをえない(21)。

選ばれた路線の結果、それ相応の方策が採用されることになった。なによりもまず、生産の管理、とりわけ営利組織レベルでの管理への雇用労働者としての労働者の参加を、もっぱら諮問的＝協議的な枠に制限しようとする措置がとられた。

ここからまた、ロシア連邦労働法典の全訂の中でしかるべき修正を加えるか(22)、あるいは新しい労働法典を施行するか、さもなければ生産の管理と生産成果の分配の面での社会＝労働関係を規制する新しい個別法を採択しようとする試みがなされることになる。

周知のように、ロシア連邦労働法典（一九七一年一二月九日に第八回ロシア社会主義連邦共和国最高会議第二会期で採択され、九五年一一月二四日の連邦法によってなされたものを含め、改正と増補を加えられて今日まで効力を保っている）は、企業・施設・組織の労働者に、労働集団の総会（協議会）、労働集団評議会、労働組合、その他労働集団によって全権を委ねられた機関を通じて、それらの管理に参加し(23)、企業・施設・組織の活動の改善や、また社会＝文化的および生活上のサービスの諸問題について、提案を行う権利を与えている（「ロシア連邦労働法典」第二二七条）。

一方、企業・施設・組織の管理部は、企業管理への労働者の参加を保障するような条件をつくりだす義務を負っている。そればかりか、企業・施設・組織の責任者は、定められた期間に、労働者の批判や提案を検討し、とられた措置について彼らに通知しなければならない（同法典第二二八条）。このことは、管理部が、労働者とその代表機関のこの方面での活動のあらゆる法的形態の実現を助成することを義務づけられていることを意味する。とくに管理部は、労働者（労働集団）の集会（協議会）や労働者（労働集団）によってつくられた機関の会議に場所を提供し、これらに必要な情報等を与えなければならない。

現行のロシア連邦労働法典は、企業の労働集団に大きな権限を与えている。労働集団はその組織的＝法的形態にかかわりなく、次のことを行う。

- 管理部と団体協約を結ぶ必要性についての問題を決定し、その草案を検討・承認する。
- 企業の定款に従い、労働集団の自主管理の問題を検討し、決定する。

●企業の労働者に労働集団基金から社会的特典を与えるリストと手続きとを定める。
●企業の就業規則を承認する（管理部の提出したものを企業の労働者の総会または協議会で決定することにより）。
●労働紛争委員会を選出する（従業員一五人以上の企業の労働者の総会または協議会の決定により）。
●団体協約に従ってその他の問題を決定する（同法典第一三〇条、第二〇三条、第二三五条－一）。

国有企業または地方自治体企業、また国家または地方自治体機関がその資産の五〇％を超えて出資している企業の労働集団は次のことを行う。

●設置者と共同で、企業の定款に加えられる改正と増補を検討し、承認する。
●企業の設置者と共同で、指導者を雇用するさいの契約条件を決定する。
●新企業を設立するために、一つあるいはいくつかの構成上の下部単位を企業の構成から切り離す決定を採択する。
●ロシア連邦およびロシア連邦構成共和国の法律に従い、またそれによって定められた範囲内で、企業の所有形態の変更の問題の決定に参加する。

労働集団の権限を施行する手続きと形態は国の法律に従って規定されている。

国有企業および地方自治体企業、また国家または地方自治体機関がその資産の五〇％を超えて出資している企業では、労働集団の権限は労働集団の総会（協議会）とその選出機関である労働集団評議会によって実現される。

労働集団と使用者との相互関係、また企業の利潤への労働者の参加は、ロシア連邦の法律、定款および団体協約によって規制される（同法典第二三五条－一）。

このように、ロシア連邦労働法典で規定された、生産の管理の部面での個々の労働者、とくに労働集団の権利は、かなり多岐にわたっているが、しかしそれは形式的なものである。

実際には、労働者の権限はいちじるしく小さく、しかも減少する傾向を見せている。

これは、第一に、民営化の過程で、労働者と労働集団の権利が現行労働法典で最大限もりこまれていた国有企業や地方自治体企業の数が急激に減少したことと結びついている[24]。とくに、民営化は、「外部」の私人の所有が五〇％を超える企業で労働集団評議会をつくる権利を労働集団から奪うことにつながった。しかし国家が株式の五〇％を超えて保有しているところでも、労働集団評議会は短期間しか存続することができない。国家資産管理委員会は国家に属する株式の一定部分を売却すればよいからである。

第二に、これは、民営化された企業における生産管理部面での雇用労働者の低い法的保護とその明らかな減少傾向と結びついている。ロシア連邦民法典も、その後に採択された、さまざまな組織的＝法的形態の創出と機能の手続きを規定したいかなる連邦法（「株式会社法」、「生産協同組合法」[25]、「有限会社法」）も、現行労働法典が認めている権利をも含めて、生産管理への労働者のなんらかの参加権も規定していない。

第三に、これは、現行のロシア連邦の法律で定められているものを含めて、国有企業における生産管理部面での労働者の権利を制限しようとする政府の試みと関連している。

これは、Ｅ・ガイダール、Ｖ・チェルノムイルジン、Ｓ・キリエンコが首相であった時期にロシア政府によって準備された法令にそれなりに反映された。とくに、九二年のロシア連邦政府の経済改革深化プログラム草案（九二年七月三日の上下両院合同会議でロシア連邦最高会議代議員に示された）では、国有企業または地方自治体企業の資産を、その労働集団によって形成された法人の経済的運用に引き渡すことそれ自体が排除されていたが、これは、国有企業または地方自治体企業を「労働集団に代表される企業の経済的運用」に引き渡すことを認めた、当時なお有効であった九〇年一二月二五日の「ロシア企業法」の第六条および第七条に違反していた。

先のプログラム草案で予定された政府の国有企業改革プランは、二種類の国有企業の存在しか規定していなかった。

その一つは、直接国家管理のもとにおかれ、国家機関の課題を果たし、予算から融資を受ける企業である。こうした企業の労働者には国家公務員の地位が与えられるものとされた。

第二の種類はコーポレーション化された国有企業で、完全な営利性原則で活動し、「他の所有者に売却されるまでのあいだ、すべての株式（持ち分）または支配株が国家の手にとどまっている、株式会社あるいは有限会社に改組」［156：65］された企業である。

こうした企業を管理するために、全権をもった国家機関によって任命される監査役会と取締役会（理事会）をつくることが予定されていた。「こうした企業における労働集団の権利は、法律と民営化プログラムによって規定された原則にもとづく企業の所有への参加、また監査役への代表派遣〔こうした代表の基準についての言及はない—引用者〕によって保証されよう」(26)〔156：65〕。

　こうした記述は、国有企業、また国家がその資産（資本）に支配的な形で参与している企業の労働集団にかなり広範な権限を与えたロシア連邦労働法典第二三五条‐一の基本的な規定がそのまま述べられている先の「ロシア企業法」の第三一条と第三二条を修正しようとする、政府の国有企業改革プランの作成者たちの意図を反映したものであった。

　九三年に採択されたロシア連邦政府中期プログラム「改革の発展とロシア経済の安定化」と、政府の拡大会議で承認された政府プログラム「一九九五—九七年のロシア経済の改革と発展」草案では、国有企業または国家のコントロールのもとにある企業の労働者にその管理への参加権を与える問題は完全に除かれていた〔157：99‐100〕。

　ロシア連邦労働法典草案（ロシア労働・社会発展省により策定）と「ロシア連邦労働法典の改正と増補について」の連邦法草案（連邦議会下院の代議員で労働・社会的支援委員会のメンバーにより提出）の作成者たちも、営利組織の管理への雇用労働者の参加権を大幅に縮小する方向に進んでいる。

　現在の条文のままでこれらが採択されれば、組織の管理への雇用労働者の参加は、労働集団の社会的発展の枠内に、すなわち労働者の労働・生活条件の決定や労使関係の規制の分野に、限定されるか（「ロシア連邦労働法典草案」第一三条）、あるいは別の法律や他の法令によって規定されることになろう（「ロシア連邦労働法典の改正と増補について」の法律草案第二二七条）。

しかしながら、組織のレベルにおける生産管理への雇用労働者の参加の問題が特別に規制されている法律やその他の法令は、そもそも今日存在しておらず、こうした問題が登場している法令でも、それは通常、最も一般的な宣言を超えるものではない(27)。

この点で例外をなしているのは、国有企業または地方自治体企業の民営化のさいにつくられた公開型株式会社の模範定款、それに九八年七月一九日の「労働者株式会社（人民企業）の法的地位の特殊性について」の連邦法〔「人民企業法」〕である。

公開型株式会社の模範定款では、取締役会への株式会社の労働集団の代表権が、人数についての定めはないが、規定されている（第八条第一項）。

もっとも、公開株式会社の模範定款の有効期間は民営化の時期に限定されている（九二年七月一日の大統領令第七二一号「国有企業および国有企業の自発的統合体の株式会社への改組にかんする組織的方策について」第四篇）。この期間が過ぎれば、九五年一二月二六日の株式会社についての連邦法〔「株式会社法」〕（九六年六月一三日の連邦法により改正と追補がなされている）の規定が効力をもつことになる。ところがこの法律には、株式会社の労働集団（雇用労働者）の取締役会への代表権については何も規定されていないのである。

「人民企業法」(28)は、非株主労働者にも、審議権をもって株主総会に参加する可能性（第一〇条第五項）、また第一二条第一項に従えば人民企業の活動の一般的指導を行う監査役会に一名の自己の代表（その総会で選出される）をもつ権利を与えている（第一二条第七項）。

残念ながら、「人民企業法」（その長所と欠点の詳細な考察は本書の枠外である）は、なによりもまず、国家専有企業と地方自治体専有企業、それに定款資本の四九％以下の株式しか労働者に属していない公開型株式会社は人民企業への改造が禁止されていることから、おそらくきわめて限定的なものとなろう（第二条「人民企業設立の手続き」第一項）。

その他の場合では、営利組織を人民企業に改組する（人民企業を設立する）決定は、組織の参加者により、在籍労働者数の四分の三以上の賛成のもとで、採択されうる（第二条第四項）。

立法者は、以上の二つの例外を除き、組織のレベルでの生産管理への雇用労働者の完全な参加権を、その資産（払込資本）に彼らが持ち分を有していることを条件として認めてはいる。しかし株主（出資者）として、労働者は、組織の資産（払込資本）に参加する他の市民と平等な権利を与えられているわけではない。それは次の点に現れている。

●民営化特典の第一方式を選んだ場合、あるいは株式が連邦の所有に残されている場合には、労働者には優先株（議決権のない株式）しか分与されない。

●民営化期間中は、当該株式会社の労働者である株主がこの会社の取締役会に代表を送ることが制限される。（三分の一以下という）現在の基準は、株主の権利の平等を制限するものといわざるをえない（九三年一二月二四日のロシア連邦大統領令第二二八四号「ロシア連邦における国有企業および地方自治体企業の国家民営化プログラムについて」（第九章第一〇条第四項）。

株主としての労働者の権利の縮小とともに、さまざまな形態でのいわゆる労働者所有の発展に人為的な障壁が設けられている。

第一に、企業の資産（資本）の所有権が、働いている所有者としての労働集団の個々のメンバーには分配されない集団的＝不分割的所有の形成は、事実上、禁止されることになった(29)。

集団的＝不分割的所有の事実上の禁止は、「各人は、個人で、または他の人と共同で、財産を所有し、それを占有し、使用し、処分することができる」という憲法第三五条第二項、また「各人は、個人で、または他の人と共同で財産を占有する権利をもつ」とした一九四八年世界人権宣言第一七条とも抵触する。

第二に、集団的＝持ち分的所有形態（この所有形態の場合、労働者によって形成された法人――人的会社、物的会社、生産協同組合、その他――の定款資本はその設立者〔参加者〕の持ち分または出資分に分割される）や、混合的――不分割的＝持ち分的――所有形態（この所有形態の場合、労働者によって形成された法人の財産の一部は、例えば、生産協同組合で起りうるように、不分割的である）(30)の形成と発展の道も制限されることになった。

唯一、私的所有（なによりも大規模私的所有）という所有形態だけが、他のすべての所有形態に対して優先的な地位を与えられたのである（ロシア連邦憲法第八条第二項(31)に違反して）。

この所有形態は、ロシアの改革派の圧倒的多数によって唯一効率的な所有形態とみなされた。他の所有形態、まず第一に国家的所有や集団的所有の形態は、私的＝資本主義的所有に比べて非効率的なものとして彼らによってアプリオリに否定されたのである。

このことは、とくに、ソ連で最初に合法的な非国家的所有形態として出現した協同組合的所有への差別の中に現れた。それは次のような点に見られた。

■「ロシア企業法」施行期間中（一九九一年一月から九四年一二月まで）、企業の組織的=法的形態の中から生産協同組合が除外された。この結果、定款（払込）資本への労働者の支配的参加をともなう企業は、労働（市民）の統合ではなく、資本の統合に特有な組織的=法的形態——経済活動への個人的労働参加を予定していない株式会社や一定の条件づきでの人的会社——として自らを表現するほかはなかった。

■九四年一一月三〇日のロシア連邦民法典第一部の施行後に「合法化」された生産協同組合は、公募入札または競売での国有資産および地方自治体的資産の売却のさいに、購入者として公募入札に参加する権利を奪われていた。

■買取り権つきで賃貸された企業を含め、民営化される国有企業や地方自治体企業を生産協同組合に改組することはできなかった。それらはすべて公開型株式会社に改組されなければならない（「一九九一年民営化法」第一五条「国有企業および地方自治体企業の民営化方法について」、「一九九七年民営化法」第二六条「賃貸された国有および地方自治体資産の買取り」）。

■銀行部面における生産協同組合の権利の侵害（ロシア連邦政府によって下院に提出された「銀行および銀行活動について」の連邦法草案では、生産協同組合の、またたんに生産協同組合にかぎらないが、最重要な支援組織の一つである協同組合銀行の設立の可能性が規定されていない）など。

こうしたことが、一九一七年初めまでに、ツァーリ・ロシアの領域内であらゆる種類の協同組合と組合員の数において世界第一位であった国で生じているのである。実際、一九一七年一月に、ロシアには約一三五〇万人の組合員を擁する四万七一八七の協同組合が存在していた［216・450］。

労働者所有の株式形態の権利もまた大幅に縮小された。

■民営化のさいにつくられた、国家または地方自治体の持ち分をともなう閉鎖型株式会社、それに「株式会社法」施行後は、五〇人を超える株主をもつ閉鎖型株式会社の、株式が有価証券市場で自由に売買される公開型株式会社への強制的改組（同法第七条および第三四条）。これは、実際が示しているように、労働者所有の株式形態が洗い流される危険をはらんでいる(32)。

■労働者の所有をより安定したものにするための労働者に属する株式の統合への妨害（民営化特典の第二方式を選んだ場合、労働者による内部申し込みでの株式の取得――民営化される企業の労働集団の約七五％がこの方式を選んだ――は、実際には個別的に行われた）。こうした妨害の結果、「一九九一年民営化法」第九条および第二四条に規定された、労働者が人的会社（株式会社）を形成するさいに労働者に属する株式を統合する可能性は、その後の法令に反映されず、このことは、いわゆる外部の自然人――通常、株式配当の取得を通じてしか生産と結びついていない受動的な所有者――の手へのこれらの株式の移行を本質的に容易にした。

■バウチャー民営化の段階に労働者によって無償で得られたか、あるいは特恵的条件で取得された株式の売却へのあらゆる制限の排除（多くの労働者は、長期にわたる賃金の系統的な不払い、配当の僅少またはその完全な欠如、大多数の株式会社の、困難な、あるいはそれ以上に破局的な財務状態による、将来の株価の値上りへの期待薄、例えば売却を拒否した場合には解雇すると脅かすなどの管理部側からの圧力、その他一連の事情により、自分の保有する株式を売却することを余儀なくされる(33)）。売却に制限がなければ、世界の経験が示しているように、労働者によって売却される株式の多くの部分は、最大限二〜三年のうちには、私的大所有者によって買占められることになる。

■国有企業の労働者がその資産に参加すること自体の排除。ロシア連邦民法典第一部第一一三条によれば、国有企業は、国家によってそれに固定された資産の所有権が他に分与されない専有企業という法的制度のもとで活動する。資産は「分割されず、企業の労働者を含め、出資（持ち分）に応じて分配されることはできない」。

■民営化申請が一九九四年二月一日後に出された場合、民営化企業の労働者は企業労働者株式化基金から株式を取得する権力を失う（九三年一二月二四日の大統領令第二二八四号「国有企業および地方自治体企業の国家民営化プログラムについて」第五章第三条第九項）。企業民営化計画によって規定された民営化期間が終了したのちは、株式会社定款により、「会社の労働者の特別株式化基金を純利潤から形成することを規定しうる。この資金は、この会社の株主によって売却される会社の株式を、後に労働者に配分することを目的として取得することに限って支出される」

（「株式会社法」第一三条「会社の基金と純資産」）(34)。

ロシアの民営化のイデオローグと民営化プログラムの立案者たちは、労働者所有を、多くの場合に国家的所有から大規模私的所有への移行の過程でのあくまで中間的な所有形態にしようとする自己の立場を、彼らの意見ではこの所有に特有な欠陥とされるものを引き合いに出すことによって基礎づけている。

こうした欠陥の一部は（労働者の所有に反対する論拠とその分析は、理論的には本書第I部第三章第一節で、実際的なものについては第II部第四章でなされている）、確かに実際に存在している。

●労働者=株主あるいは労働者=出資者にとっての高い金融リスク（企業が倒産した場合には、仕事も蓄積も失う）(35)。

●雇用の縮小、まして非採算部門の閉鎖を必要とするような新機軸への低い関心。

●外部の投資の誘致の困難。その必要性は、生産近代化の段階で（専門家の評価ではロシア企業のおよそ八〇%が技術的再装備を緊急に必要としている）(36)、内部の投資家、すなわち労働者にそのための資金が不足しているもとで急激に増大している。

●最高経営者に対する労働者やその機関からの監督のメカニズムが弱いか欠如している場合、また商品市場や資本市場が集団的所有に対する必要な「懲戒的な」効果を及ぼせないような場合に、コーポレート・ガヴァナンスが弱まる可能性［195：75］。

●「繁栄している」企業と欠損企業――民営化の結果、それらの資産の全部または一部分が労働者の所有となった――の労働者のあいだの「初発から不公正な富の分配」(労働者が自己の企業の資産を市場価格ではなく、特恵的条件で購入する場合、その結果として、ある労働者は「価値のある資産を取得し」、別の労働者は「きわめて価値が低いか、まったく価値のない資産」〔195：75〕を取得する。あるいは彼らの企業が「借金で首がまわらなくなっている」場合には、「マイナスの富」〔183：57〕の所有者になる)(37)、その他。

それと同時に、この所有形態の長所をも考慮に入れるべきである(理論的論拠とその分析は、本書第Ⅰ部第三章第一節、実際については第Ⅱ部第四章参照)。

●他の所有形態に比べて、より強い労働モチベーション、労働の〔より高い〕質と生産性、労働力の合理的利用を保障する潜在的可能性(第Ⅱ部第四章で検討された一連の条件が守られれば、とくに労使関係の民主化のもとで)。

●労使紛争の数と先鋭さとを減らすことになる、生産におけるより好ましい社会心理的雰囲気。

●社会的に必要な機能(雇用の維持、国民経済や国および地域住民にとって必要な、高い利潤にとらわれないような課題の遂行等)、その他一連の機能(38)。

このことについては、外国の経験だけでなく、わが国の経験、とくに、シュフタ所有者＝共有者同盟(ダゲスタン、同盟議長はM・チャルターエフ)の活動(39)――ここでは、一九八五年から九三年までに、同盟に加入している労働者の数は変らないのに、生産高は一四倍以上、労働生産性は三倍に増え、逆に管理職員の数は七分の一に減少した〔245：89〕――、国家賃貸企業で部門間科学技術コンプレクス「顕微眼科手術」（所長は医学アカデミー会員S・フョードロフ）――ロシアの一連の大都市に一二の支所をもち、その生産性は同じ診療科をもつ医療施設の全国平均を六～七倍も上まわっている［220：13］――の活動、また税引後利潤が一九九二年―三二％、九三年―一五％、九四年―五％、九五年―一六％、九六年―六％、九七年上半期―二八％に達したモスクワ州の企業「エリナル」（この企業は労働者に遅滞なく賃金を支払い、その水準はモスクワ州の平均賃金より高く、決して自己の労働者の数を減少させていない［281：79-80］）の活動等が証明している。

現在のロシアの条件のもとで可能なかぎり十分な発展能力をもつものとして、その他の多くの労働者所有企業もまた真価を発揮した。

ロシア連邦資産基金によって行われた、さまざまな所有形態の企業の抽出調査は、閉鎖型株式会社と有限会社――労働者所有の主要な（生産協同組合を別とすれば）組織的＝法的形態――が、より高い実務的能力、生存率、市場条件への適応度を見せたことを証明した。

一九九三年後半に、生産設備の平均稼働率は次のとおりであった。すなわち国有企業―五七％、公開型株式会社―五六％、閉鎖型株式会社―六五％、有限会社―六八％。主要生産物の生産は、国有企業で五〇％、公開型株式会社で五四％、閉鎖型株式会社では四〇％減少した。一方、これらの組織的＝法的形態の企業のそれぞれ一六％、一七％、二二％では生産を増大させることができた。この時期に、調査対象となった国有企業と公開型株式会社では、四〇％が企業発展へのいかなる投資も行わず、わずか一〇～一二％の企業だけが投資を増大させた。これに対して、労働と所有と管理とを統合した閉鎖型株式会社では、七〇％の企業が投資を行い、しかも二一％がその規模を増大させた［231：18］。労働者所有となっている企業の首尾よい活動の実例は、労働者所有の「代価」はそれにもとづく企業の低い経済効率に不可避的に現れるとする、広く流布されている観念を覆すものではあるが、当然ながら、この所有が全面的に拡大するための根拠とはなりえない。

他のすべての所有形態も同様であるが、労働者所有も、それに固有な肯定面と否定面との矛盾的統一であり、ここから、ある一つの（あるいはいくつかの）所有形態を、国（いくつかのタイプの文明が共存しているロシアのような国ではなおさら）、地域、部門、工場等の特殊性を考慮に入れないで、アプリオリに最も好ましいものとして取り出そうとする試みは（他の事情を別にすれば）、原則的に不当なものである。

圧倒的多数の国有企業と民営化企業（形式的に労働者の所有にもとづいている企業の圧倒的多数を含めて）における、時代遅れの、権威主義的な関係構造の存続と並んで、一つの所有形態——私的資本主義的（それもまず第一に大規模な）所有形態——だけを優先的なものとして取り出すこと——ロシアの民営化プログラムの作成者がやっているように——は、重大な否定的な結果をその内にはらんでいる。

社会=政治的な視点から見れば、生産の管理と生産成果の分配への参加からの、雇用労働者の法律上の疎外、労働者=株主（出資者）の事実上の疎外は、社会的不平等を増大させ、労使関係の分野での対立を強めることによって、生産における社会的合意の達成（それなしには、対決型の労使関係から競争型の、ましてパートナー型の労使関係への移行は不可能である）を妨げるだけでなく、所有の新たな再分割と生産における権力のラディカルな再分配をめぐる階級闘争の発展のための大衆的社会的基盤——たとえ潜在的であろうと——をもつくりだす。「収奪者の収奪」という思想がますます大衆をとらえるようになる。

ロシアで行われた民営化の法的正当性の薄弱さ（少なくとも「一九九七年民営化法」採択までは）が、所有と生産における権力の再分割の提起（国有化によって国家に有利に再分割するか、あるいは国の政治的・経済的状況の変化や労働と資本との力関係に応じて、外部の私的所有者かまたは直接的生産者に有利に再分割するか）に味方している、という事情をも考慮する必要がある。

実際に、民営化は、九一年七月に採択された「一九九一年民営化法」と「ロシア連邦共和国における記名式民営化口座・預金について」の法律とに大きく違反して実施された（このことは、ロシア連邦会計検査院、大統領府監督局、検事総長によってなされた監査が一致して確証した）。すなわち、

●現行の国家民営化プログラムその他多くの民営化文書が、法律にではなく、ロシア大統領令や国家資産管理委員会の命令（しかもそれらはしばしば法令登録のために司法省に送られることすらなかった）にもとづいて採択された。

●予想される収益による企業の評価、あるいはその資産の売却からのありうべき収入にもとづかず（「一九九一年民営化法」第一七条「民営化される企業の当初価格の決定について」がそれを要求した

にもかかわらず）、固定生産フォンドの残存簿価にもとづき、すなわち市場価格からかけ離れた「捨て値」により、公募入札または競売で売却される企業の当初資産価格が決定された、その他。

この結果、大部分の大規模施設について実施された民営化の適法性は疑わしいものである。こうしたことは（とくに民営化企業あるいは民営化が予定された企業の労働者やその組織がしかるべき行動を起す場合には）、ロシアの民営化論者によって構築された建物を、完全にか、あるいは少なくとも部分的に、爆破することになりかねない。ましてロシア人の大多数が、実施された民営化に(40)、その過程で生じた所有の再分割に(41)、そして民営化の過程で成立した社会経済体制に(42)、否定的な態度を示している状況のもとではなおさらである。

経済的な視点からすれば、自己の指導の結果にはきわめて限られた責任しか負わず(43)、労働者だけでなく、しばしば外部の所有者（とくに小規模の所有者）の権利をも制限している高級経営者（国家官僚、ヤミ業者、それどころかたんなる犯罪分子と一緒になって）の生産における無制限の権力が、伝統的な形での雇用労働システムと権威主義的な生産管理組織（そこからは、発展した市場経済と「文明的な」企業形態をもった諸国はすでに抜け出しており、これらの国の経験については何人かのロシアの改革派自身が語っている）にもとづく、「古い」タイプの経済の基礎を形づくっている。そしてこうした経済は、現代経済に必要な労働へのモチベーション、労働の質、労働生産性のしかるべき水準等を保障する能力を、ますます失っているのである(44)。これは、社会経済的組織化の水準の点で、ロシアを何十年も昔に引き戻している。

わが国は、ある意味で、クリミア戦争当時の状態に陥るおそれがある。当時ロシアは世界最大の帆船艦隊をもっていた。ところが敵方では、トルコを除いて、艦隊は主に蒸気機関をそなえた軍艦から成っていたのである。

私的＝コーポレーション的および集団的企業活動の発展という面でのロシア経済の発展のベクトルもまた、現代の世界的傾向とは合致していない。なによりもまず、とりわけ自己の会社の長期的発展、その固定資本の蓄積と更新を志向する広範な責任ある所有者層という形での、非国家的企業活動の安定した基盤の形成が生じていない。

改革派によって宣言されたこうした目的は達成できなかった。形式的には、バウチャー民営化が終った時点で、民営化企業の株式資本の五〇％が一般の労働者の所有になった（通常は統合化されない形で）。その結果、ロシアは、株式形態における労働者所有が最も普及した国となった。しかしすでに九六年末までに、この数字は四〇％に下がった（専門家の評価）(45)。

九六年に、ドイツの専門家とともにロシア連邦商工会議所によって行われた種々の所有形態の企業の実態調査が示しているところによれば、労働者所有の割合は、民営化企業で一九・三％、混合企業で二二・八％、合弁企業で二七・三％低下した(46)[279：42]。

この傾向は、労働者集団が民営化特典の第二方式を選んだ（港湾労働者の九二・五％がそれに賛成した）ノヴォロシイスク商業港の民営化の結果の分析もまた示している。公開型株式会社「ノヴォロシイスク商業港」の資本中の労働者株主の持ち分は、かなり短期間のうちに、五一％から二三％以下（九七年半ば現在で）にまで減少した〔270：49〕。

国全体では、多くの一般労働者による、名目的に自己に属する株式の管理部の信託管理への引き渡し（しばしば「自発的=強制的」方法によって）、あるいは所有者としての労働者の権利の制限に長けた「外部の」自然人や法人への引き渡しを考慮に入れた場合、ある評価では、一般の労働者は実際には自社の株式資本のおよそ二〇％位しか保有していない〔227：23〕。

責任をもった、従ってまた効率的な所有者としての労働者の形成も生じなかった（きわめて稀な例外を除き）。

世界の実際が示しているように、生産の管理や生産成果の分配への労働者の参加（後者は所得分配という形での「正」の記号の場合も、損失分配という型での「負」の記号の場合もありうる）によって補完されず、従業員の長期雇用制度の導入や所得の「フォーク」〔上下限〕の制定や所有と労使関係の文化の向上をともなわない、自分の会社の資産（払込資本）参加への雇用労使者の形式的引き入れは、何らかの本質的な積極的な経済的結果をもたらしていないし、むしろ原則としてもたらしえないものである。

多くの場合、民営化の成果を最大限享受したのは民営化企業の指導者たちであった。バウチャー民営化が終った段階で、彼らは民営化企業の株式資本の一七％を保有するようになり、九六年末までに一八％をもっていた〔7：53、193〕。実際には、彼らによる株式の秘密の買い入れ（なによりもまず自分の労働者から）や彼らの家族や「代理人」等による株式の取得を考慮に入れれば、この数字ははるかに大きなものとなりうる(47)。

理論的には、この過程は、一定の条件のもとでは、民営化企業での効率的所有者の出現に導くものと言えるかもしれない。しかし株式の管理部による所有、あるいはよりしばしば管理部のコントロールのもとへの移行は、必ずしもそうした所有者の出現には導かない。

現在のロシアの条件のもとでは、次のような事情がこれを妨げている。

●自己の企業の資金を管理部に有利な株式の購入のために利用することによる、投資の事実上の流出（このようなことはきわめて広く普及した）。

●経営と所有との機能の分離（現代的タイプの経済に見られるように）ではなく、両者の融合と、その結果としての、経済活動への外部の株主からのコントロールに対する民営化企業の「閉鎖性」――これはなによりもまず、所有者としての外部株主の権利を侵害する。

●少なからぬ経営者による自己の生産における権力の濫用――現在彼らはこの権利を、多くの場合、彼らが指導している企業の資産の形式的所有者がだれであるかにかかわりなく、もっている。

●これらの経営者による、公式の価格と取引先との協定の結果得られる「契約」価格との差額の非合法的横領（この問題では、こうした慣行から大きな損害を受ける外部の所有者と、やはり高級経営者の専制から逃れようとし、とくに自分の企業の実態について情報にアクセスできるようになることによってこれを制限しようとしている労働者の利害は一致する）。

所有と生産の管理の民主化は、また、ロシアの経済と政治の犯罪化の傾向を克服する条件でもある。犯罪化傾向の急速な増大は、現在行われている民営化と直接関連がある。今日、莫大な財産の所有者となっているのは、固有資産の最もおいしいところを二足三文で買い取ることができ、すべてを国家が最終的かつ無制限に「彼らの」国家となるようにはからった、新旧エリートの代表者や合法化されたヤミ経済の大立物たち（その多くは犯罪的な過去および現在をもっている）なのである。「もしわれわれが法と正義とを投げ捨てるなら——と聖アヴグスティヌスはその有名な著作『神の国』で書いた——国家は大きくない盗賊の一味と一体どこが違うのだろうか。また盗賊の一味は小さくない国家と一体どこが違うのだろうか」。

生産の管理からの労働者の法律上の（雇用労働者としての）疎外、あるいはまた事実上の（株主、出資者でありながらの）疎外(48)がもたらしており、あるいはもたらす可能性のある否定的な結果は、多くのロシアの企業が爆発の危険をはらんでいる条件のもとで、権力的=経済的関係の改革の主要な社会経済的目標と優先順位とを取り替えるさし迫った必要性を規定している。問題は、たんに、このとりかえがどのような方向で、いかにして行われるか、という点にある。

理論的には権力的=経済的関係の改革の四つの主要なシナリオが可能である。

**シナリオ1**　現状維持、すなわち生産における国家高級官僚、経営者の上層部、大規模私的所有者（合法的・ヤミ的・犯罪的な）の無制限な権力をともなう、ノメンクラトゥーラ=クラン（一族）的原初資本主義の存続。このシナリオの実現は、そこから生じるあらゆる結果をともなって、先に述べた否定的な傾向や現象が固定化されることを意味しよう。

**シナリオ2**　急進的＝自由主義的処方箋の利用にもとづく、所有と労使関係の改革のいっそうの深化（経済部面からの国家の排除、自由市場原則の確立、一つの所有形態――大規模私的所有――の支配、その他）。世界の経験が、そしてなによりもまず経済社会発展の後れた国（今日ロシアはこうした状況にある）の経験が示しているように、これによっては、第一に、国民経済の必要な近代化を行うことができず、第二に、国民経済の発展の一面的（原料に特化した）性格を克服することができず、第三に、内外市場における自国製品の競争力を高めることができず、第四に、先進諸国からの経済社会発展の立ち後れを解消し、ロシア連邦の国民的＝国家的安全保障の諸課題を解決することはできない。

**シナリオ3**　ノメンクラトゥーラ＝クラン的原初資本主義から国家＝官僚主義的社会主義のなんらかの変種への（あるいは、わが国や外国の若干の研究者が見るところによれば、国家＝官僚主義的資本主義のなんらかの異種への）復帰。すでにその完全な無力を示し、多くの点でソビエト経済の崩壊に導くことになった、所有・生産・労働の古い管理方法への復帰は、市場の条件のもとでの非国家的企業活動の萌芽を摘みとるだけでなく、永久にわが国を世界文明の辺境へと追いやることになろう。

**シナリオ4**（著者にはこの実現がわが国に最も望ましいと思われる）　例外なくすべての所有形態（またこれに応じてすべての経営の種類またはタイプ）が、競争と他の形態との相互作用（からみ合い）の中で、より効率的で（経済的にも、社会的にも）国の経済的条件や社会文化的伝統に合致した自分の居場所を見い出し、生産における関係が生産過程の三つの主要な参加者——国家、私的資本、労働——の利益のバランスにもとづいて打ち立てられるような、そうした多ウクラード〔経済制度〕的市場経済への移行。

この種のシナリオの実現は、国家と労働と私的資本との妥協の達成を前提としており、その結果労働者は、所有の種類や営利組織の組織的=法的形態とはかかわりなく、生産の管理と生産結果の分配への参加権を得、一方外部の所有者や高級経営者は、生産における関係の民主化の世界的経験が示しているように、参加経済（社会的パートナーシップ経済）への移行のさいに得られる少なからぬ経済的配当、とりわけ社会的配当を手にすることができる。

国家もまた少なからぬ配当を受けることができる。なぜなら、国民経済の基礎的レベルとしての営利組織のレベルでの経済権力の民主化は——これまた世界の経験が示しているとおり——現行の（現に形成されている）社会経済体制への労働者の引き入れ、全国家的意義をもつ他の一連の諸問題の解決の、効果的なメカニズムとなるからである(49)。

このようなタイプの市場的多ウクラード経済への移行は、すでに指摘したような少なからぬ困難（深刻な経済危機の継続、労働と資本との妥協を見い出すことによって社会経済問題を解決するというしっかりした伝統や文化の欠如、その他）をともなっている。しかし、現在のロシアにおいて、最小の（それが可能であるかぎり）経済的・社会的・道徳的コストとショックとで、所有と労使関係の改革を効率的に行いうる、それ以外の道はおそらく存在していないのである。

【注】

（1）Ｅ・ネクレウシェフの生き生きした表現によれば、共同体の内部では、「所有というカテゴリーは存在というカテゴリーに取り替えられていた――坊さんのところには犬がいた。でも坊さんは犬をもってはいなかった！」〔252〕

（2）ロシアのアルテリは能率の高い作業の手本を示した。一八三八年から一九一七年までに、建設業のアルテリは、何らの機械的手段も用いずに、九万キロメートル以上の鉄道を敷設した。八〇〇〇人で総延長七五〇〇キロメートルの大シベリア鉄道をわずか十年で建設した。一八世紀～一九世紀初頭に、アルテリ型労働形態は工場で広く採用されたが、これはロシアの製鉄業の急激な発展を促進し、すでに一七三〇年代からは製鉄業はイギリスを追い越し、一八世紀を通じて優位を保持した〔199：19〕。

（3）急進的な経済改革を行うさいの民族的価値や伝統の過小評価、ましてその無視は、経済的な面だけでなく、すべての面で最も否定的な結果をもたらす。例えば、医学博士で哲学博士候補のＩ・グンダーロフを長とするロシア連邦保健医療工業省全ロシア予防医学研究センターの専門家グループが、旧ソ連邦構成共和国における死亡率の動態の分析にもとづいて導き出した結論によれば、改革の期間中に、最大の、平時には前例のない死亡率の上昇（七％から一六％まで）がロシア、ウクライナその他の諸国で生じたが、これらの地では「各人は自力で生きよ、という新しいイデオロギー的パラダイムが積極的に形成され、導入されるようになった……。道徳性の原則は資本の本源的蓄積の段階では何の意義ももたない。最も力の強い者が生き残る。そのあとで、彼は弱い者を助けるかもしれない――これがこの新しいパラダイムの要点である」。一方、死亡率の増大がマイナスであった（二％から一五％）共和国（アゼルバイジャン、ウズベキスタン、トルクメニスタン、その他の国々）では、集団主義、相互援助、「国家の温情主義的機能」が維持されていた［233］。

（4）国内戦、それによって引き起された経済的混乱、国の工業化、経済の軍事化、大祖国戦争と戦後の国民経済の復興といった、国の経済の種々のレベルの管理における集権制の強化を促進した歴史的な諸要因もまた、生産における民主主義の発展に不利に作用した。

（5）管理部を代表する者の労働集団評議会への代表権は二五％に制限されていた。

（6）下から上までの企業のすべての指導者を選挙で選ぶという原則の導入は、最大の論争を引き起した。その批判者は、この原則は数多くの管理理論の諸命題と整合していないだけでなく、実際にそれが実現された場合には、企業の経済活動の組織解体に導きかねないと、一定の根拠を踏まえて指摘した。企業指導者の選挙制の原則の支持者は、当然ながら、生産現場でそれを導入した場合に得られうる肯定的な効果（これも根拠にもとづいて）に重点をおいた。九三年一一月に、Ｎ・サドヴニコヴァとＪ・エリデルマンを中心とする社会学者のグループによって行われたウラジーミル州の企業にかんする調査によれば、八七年に導入され短期間存在した企業指導者の選挙制は、意外にも、現在のロシアの改革の段階で、その肯定的な成果を発揮した。この調査資料の分析は次のような状況を明らかにした。すなわち、改革の最初の段階をうまく切り抜けたウラジーミル州の一二の企業のうち、一〇企業は一九八七~八八年に公募で選ばれた指導者によって率いられており、他方この時期にきわめて困難な財務状態に陥った一一の企業の指導者は、選挙の手続きを経ていないか、あるいは形式的に、公募ではなく省の押しつけで選ばれた者であった。

(7) 「企業の活動にかかわる社会経済問題にかんする決定は、労働集団とその全権代表機関が参加して策定され、採択される」。

(8) 「企業の指導者の雇用（任命、選出）は企業の資産の所有者の権利であり、これは所有者によって直接に、またそれにより全権を与えられた機関を通じて、あるいは企業評議会、取締役会その他企業の管理権を委ねられた機関を通じて、実現される」。

(9) この法律は、九五年一月一日のロシア連邦民法典第一部の施行後に効力を失った（第三四条、第三五条を除く）。

(10) ソ連邦における、従ってまたロシアにおける民営化は、事実上、八八年に、「国有企業（合同）にかんする」ソ連邦法（「国有企業法」）採択後に始まり、当時必要な法的基盤なしに行われた。その実際の規模と国民経済的規模でのその結果についてのデータは存在していない。

(11) 九一年一一月一五日のロシア連邦大統領による、「社会的パートナーシップと労使紛争（争議）の解決について」の大統領令第二一二号の署名、九二年三月一一日の「団体協約および協定について」のロシア連邦法および九五年一一月二四日の「団体協約および協定についてのロシア連邦法の改正と増補について」のロシア連邦法の採択、ロシア連邦労働・社会発展省による、組織のレベルでの社会＝労働関係の規制を促進する一連の方法的指針や勧告の策定、その他。

(12)「民営化委員会は、企業民営化計画を検討し、これを地方人民代議員ソビエトまたはその全権代表に、また企業の労働集団に提出して同意を得る。人民代議員ソビエトと企業の労働集団が民営化計画を受け取ってから一週間以内に何らかの決定を下さなかった場合には、計画は合意されたものとみなされる。人民代議員ソビエトと労働集団による民営化計画の同意の期間は、その要請によって延期されうるが、但し二週間以内とする……。労働集団によって民営化計画が否決された場合には、民営化委員会は別の計画案を提案しなければならない。民営化計画が労働集団によって再度否決された場合には、計画の策定、民営化実施の方法と手続きについての決定はしかるべき人民代議員ソビエトまたはその全権機関が行う」(九一年七月三日の「ロシア連邦における国有・地方自治体企業の民営化について」のロシア連邦法(九二年六月五日および二四日、九七年三月一七日に改正)〔「一九九一年民営化法」〕第一四条第四項、第七項)。企業の民営化計画の検討と採択の類似の手続きは、九七年七月二一日の「ロシア連邦国有資産および地方自治体資産の民営化の基礎について」の連邦法〔「一九九七年民営化法」〕でも規定されている。すなわち、同法第二〇条第六-七項によれば、民営化委員会は民営化計画を検討し、これを国有企業または地方自治体企業の労働者の総会にかけて同意を求める。労働者総会が民営化計画を受け取って一か月以内にこれを検討しない場合には、民営化計画は合意されたものとみなされる。労働者総会が民営化計画に不同意の場合には、民営化委員会は別の民営化計画案を提案しなければならない。労働者総会が再度民営化計画に同意しなかった場合には、ロシア連邦政府、ロシア連邦主体国家権力機関、または地方自治体の代表機関が、その承認についての決定を採択する。

(13) 「労働組合の代表者は、民営化委員会の活動に参加し、労働組合的コントロールを行うために、相応の資産管理委員会に派遣される組織の代表者の中に加えられる」(同法第二一条)。

(14) バウチャー民営化段階では、「一九九一年民営化法」の施行前に結ばれた買取り権つき賃貸契約にしたがって賃貸に出された国有企業または地方自治体企業の資産の民営化は、賃借者の申請にもとづき、次のような方法で行われることになっていた。

●買取りの額、期間、手続きその他の条件が、国有企業および地方自治体企業の労働集団のために予定されたあらゆる特典の賃貸企業の労働集団への供与とともに賃貸契約で定められている場合には、賃貸契約に従って。

●労働集団の総会（協議会）でそうした決定が採択されている場合には、国家や人民代議員ソビエトに属する株式の優先的取得権をともなう、賃貸企業の公開型株式会社への改組によって（同法第一五条）。

(15) 「分割払いは三年を超えることはできず、初回の払込金は企業の取得価格の三〇％以下であることはできない。この規定は、本法律の施行以前に結ばれた売買または賃貸に対しても効力を有する」（「一九九一年民営化法」第二四条第三項）。

(16) こうした人的会社（株式会社）の定款資本は、その設立者の払込金によって形成され、企業の買取り手続き完了後、第一回の払込金の支払いが行われる。

(17) 定款資本の二五%に当る、但し総額で国の法律で定められた労働者一人当り最低労働支払月額の二〇倍を超えない額の、優先株の労働者への無償引き渡し。

(18) 株式会社に改組された国有企業または地方自治体企業の労働者は、特恵的条件で自分の企業の株式を取得する権利を得た。このさい株価の割引きは額面価額の三〇%とされた。特恵的条件で労働集団の各メンバーに供与されるワンセットの株式の額面価額は、国家民営化プログラムで定められた金額(国の法律で定められた労働者一人当りの最低労働支払月額の六倍以下)を超えてはならないものとされた。民営化企業の高級幹部職員にははるかに大きな特典が与えられた。例えば、企業長、同代理、総技師長および総経理長には、彼らとのあいだで結ばれた契約条件にもとづき、総額で定款資本の五%以内、但し法律で定められた労働者一人当り最低労働支払月額の二〇〇〇倍(!)以下の普通株を額面価額で取得する権利が与えられた。所定の額を超える株式は、企業の労働者により、すべて平等な条件で取得された。企業の労働者によって特恵的条件で取得される株式の分割払い期間は、株式会社の登記後三年間とされた。このさい初回の払込み金額は、株式の額面価額の二〇%以下であってはならないものとされた(「一九九一年民営化法」第二三条第一項)。

(19) 「民営化の過程で設立された公開型株式会社の株式で、その労働者に売却されうる株式の数、その種別(タイプ)、その価格の決定方法、またこうした株式への支払の方法や期間は、民営化プログラムによって定められる」(「一九九七年民営化法」第二五条第二項)。

(20)　一九九三年からロシア連邦労働・社会発展省労働研究所「労働－モニタリング」センターによって行われている、ロシア連邦の社会=労働部面のモニタリング資料が示すところによれば、ロシアのさまざまな地域に立地し、さまざまな所有形態をもつ、さまざまな工業部門の、調査対象となった企業のおよそ三分の一で、団体協約が結ばれていないか、質問を受けた者がその存在を知らなかった［228・42］。

(21)　こうした中で、バウチャー制度の導入と民営化企業の労働者への一定の特典の供与は、労働集団への譲歩、なだれのような民営化に彼らが抵抗しないことへの代償であった。そしてこの民営化の過程で、新旧のノメンクラトゥーラは、旧国有財産のかなりの部分を法律的に自分のものとして確保することに成功し、また合法化されたヤミ業者や成金たちは官有資産の最もおいしいところを、できるかぎり安く、買入れることに成功したのである。

(22)　このための形式的な根拠はある。企業・施設・組織の管理への労働者とその代表機関の参加の法的基礎と枠とを規定しているロシア連邦労働法典第二二七－二二八条、また国有企業ならびに国家または地方自治体機関の出資がその資産の五〇％を超える企業の労働集団の権限を規定している、最も議論の的となっている第二三五条－一は、種々の組織的=法的形態をとった非国家的組織がまだ形成される以前に施行されたものだからである。

(23)　九二年三月一一日の「団体協約および協定について」のロシア連邦法（九五年一一月二四日の連邦法により改正と増補がなされた）第二条によれば、規約に応じて代表権を委ねられた労働組合とその連合体の機関、組織の労働者の総会（協議会）で形成され、全権を委ねられた社会的自主活動機関が、労働者の代表として登場しうる（この法律では「労働集団」という概念は用いられていない。とはいえ、労働と生産における労働の利益によって統一された労働者の社会的集団としての労働集団は、擬制的就業という条件のもとですら、多くの経済組織で依然として現実的なものである）。労働組合員でない労働者は、団体交渉、団体協約や協定の締結・改正・増補、それらの遂行へのコントロールの中で自分たちの利益を代表するよう、労働組合機関に全権を委ねることができる。

(24)　超突撃的テンポでの民営化の実施ののち、公式の評価では、国民総生産のおよそ七〇％がロシア経済の非国家セクターに属している。しかしこの数字はきわめて大まかなものである。一方ではそれは過大評価されている。それはロシアの公式統計が、定款資本中国家が一〇〇％あるいは圧倒的に参与する公開型株式会社をも民営化企業の中に含めているからである。他方ではそれは過小評価されている。なぜなら、国家統計委員会のいく人かの専門家の評価では、合法セクターの三〇％にも達するヤミ経済が考慮に入れられていないからである［176：28‐32］。

(25)　九六年五月八日の「生産協同組合について」の連邦法（第二一条）は、生産協同組合における雇用労働の使用を認めている。その会計年度中の平均数は、協同組合と市民とのあいだで結ばれた請負契約その他法律で規制される契約に従って行われる作業、また季節的作業に従事する雇用労働者は別にして、協同組合員数の三〇％以内とされている。

(26)　のちに採択された、九五年一二月二六日の「株式会社について」のロシア連邦法［「株式会社法」］

（九六年六月一三日の連邦法で改訂）では、会社の監査役会への雇用労働者の代表派遣は規定されていない。

（27）　この点で、ベラルーシの法律は、ロシアの法律とはきわだった相違を見せている。例えば、九〇年一二月一四日の「ベラルーシ共和国の企業について」のベラルーシの法律（九二年四月二三日、九三年一月二七日、九三年六月二九日、九三年一二月一〇日に、ベラルーシ共和国最高会議により改正・増補されたもの）によれば、同国領土内にあるすべての企業の労働集団は、企業の資産の買取り、管理部との団体協約の締結（集団はその草案を検討し、労働組合機関にそれに署名するかしないかの権限を委ねる）、企業の管理機関への自己の代表者の選出とそのリコール、その他企業の定款に応じた労働集団の自主管理の諸問題を決定する。

（28）　立法者は次のような株式会社を人民企業に含めている。
(a)定款資本の七五％を超える部分がその労働者に属していなければならない（このさい一人の労働者は、額面価額がその企業の定款資本の五％を超える数の株式をもつことはできない）。
(b)労働者=株主は、退職のさいに、自己保有株式を会社に売却しなければならず、会社はこれを買い取らなければならない（在職期間中は、労働者=株主は、自分が保有する企業の株式の一部を企業の株主または企業自体に、これらが拒否した場合には企業の株主でない労働者に、契約価格で売却する権利をもつ）。
(c)新たに採用された労働者には、就職してから三か月以降二年以内に、労働貢献に応じて株式が分与される。

(d)企業の賃借対照表に記載されている企業の株式の、企業の総企業長、同代理および補佐、監査役会メンバーならびに監督委員会メンバーへの売却は認められない。

(e)平均在籍労働者数は、五一人未満であることおよび五〇〇〇人を超えることはできない。

(f)株主でない労働者の数は、会計年度を通じて企業の労働者数の一〇%を超えてはならない(一定の作業の遂行期間だけ労働契約または約定を結んでいる労働者ならびに季節労働者は除く)。

(g)普通株(議決権株)だけが発行される。

(h)多くの問題については「一株一票」、若干の問題については「一株主一票」の原則にもとづくという、投票の二つの原則が予定されている。

(i)総企業長と監査役会議長との兼任が認められている。一方、総企業長自体は株主総会で直接秘密投票で選ばれる。

(j)総企業長の労働支払額の制限が定められている。それは、会計年度を通じて、企業の一人の労働者の平均労働支払額の一〇倍を超えることはできない。以上に述べられた、また他の若干の要件が法律で定められた一定期間内に履行されない場合には、人民企業は裁判手続きにより解散される。

(29)　ロシア政府の見解によれば、民営化の過程での集団的=不分割的所有形態の形成は、例外としてのみ可能である[158]。

(30)　「協同組合に属する資産の一部は、協同組合の不分割フォンドを構成する、ということを協同組合の定款で定めることができる……。協同組合の不分割フォンドをなす資産は協同組合員の持ち分には含まれない」（九六年五月八日の「生産協同組合法」第一一条「協同組合のフォンド」）。

(31)「ロシア連邦においては、私有、国有、自治体有その他の所有形態は、これを平等に承認し、保護する」。

(32)公開型株式会社への一面的志向は、経営形態としても、民営化のやり方としても、世界で前例のないものである。例えばアメリカでは、株式市場で自己の株式を売っているのは一〇〇万のアメリカの会社のうちの約七〇〇〇社、すなわち一％以下である。閉鎖型株式会社の形成と存続の事実上の禁止（株主数五〇人以下の株式会社と、いわゆる人民企業を除く）は、労働者所有の株式形態の存続の展望に否定的作用を及ぼすだけでなく、多くの場合に、企業の財務状態にも悪影響を与える。とくに、すでに九三年に、当時Ｅ・ヤーシンを指導者とするロシア工業家企業家連盟エキスパート研究所によって行われた、種々の組織的＝法的形態の企業の財務状態の調査が示したところによれば、第一の、最も好調なグループに入っていたのは、一〇〇％賃貸企業、有限会社、閉鎖型株式会社であった［205：38］。

(33)このような制限の排除は、企業の労働者によって特恵的条件で取得された株式の売却その他の形態での譲渡を、購入登記の時点から三年間禁止した「一九九一年民営化法」第二三条第二項（「一九九七年民営化法」採択までの有効だったもの）に抵触していた。

(34)退職する労働者＝株主から会社の株式を買入れるためにつくられる労働者株式化特別基金から株式を取得する労働者の無条件の権利は、営利組織を、「人民企業法」（第七条第一項）で規定された手続きと条件でいわゆる人民企業に改組（設立）する場合に与えられる。

(35) 後者の方〔蓄積の喪失〕は、少なくとも、部分的である。

(36) ロシア連邦労働・社会発展省労働研究所「労働-モニタリング」センターが行ったモニタリングが示すところによれば、工業企業の固定フォンドの損耗は四〇～五〇％、機械・設備のそれは六〇～七〇％に達している〔228：41〕。

(37) このような主張に根拠がないわけではない。例えばタタルスタン共和国では、株式会社「タタルネフチ」の労働者一人当りの「民営化特典」は、株式会社「メリタ」に比べて二七倍にもなった〔278：94〕。

(38) 多くの西側諸国で協同組合がいわゆる社会的経済に含められているのは驚くべきことではない。協同組合が社会的に意義のある機能を果す限りにおいて、協同組合は中央・地域・地方権力機関によって与えられる各種の特典（とりわけ税制上の）を享受している。

(39) シュフタ所有者=共有者同盟メンバーの活動の組織化の主要な原則は、自己の労働結果と、おのおののメンバーによって経営の資産に加えられた資金の大きさとに応じて、経営の所得〔の分配〕に労働者（「一人一票」の原則にもとづいて最重要な管理的決定を行う、自己の経営の資産の所有者）が参加するという原則である。

(40) 九五年七～一〇月に、ロシア連邦独立労組の「社会関係と勤労者の経済的権利」部によって行われた社会学調査は、タタルスタンを除くロシアのすべての地域で、実施された民営化に対する態度は明確に否定的な性格をもっていることを示した。民営化を肯定的に評価している者は、地域によって、回答者の〇％から二八・六％である。国全体として、この数値は回答者の二二％であった（民営化が特別なモデルで行われたタタルスタンでは、肯定的評価は四七・一％に達した。ここでは、全ロシアバウチャーのほかにタタルスタン共和国住民のための独自の記名式民営化預金の制度の利用、損耗率二〇％以上の民営化企業の固定生産フォンドの労働集団への無償引き渡し、企業株式の労働者への売却のさいのロシア連邦国家民営化プログラムで想定された基準値に比べて全体としてはるかに大きな労働者への特典、その他が見られた）[257：12、16]。

(41)　全ロシア世論調査センターによって九五年に行われたロシア一二地域の住民へのアンケートは、住民が市場経済への移行の必要性は認めながらも、市場経済の主要な主体である私的資本の所有者、まして民営化された企業の所有者としての存在を、一義的に受け入れていないことを示した。回答者の四〇％が企業が労働集団の所有に移ることを望んでいる。回答者の一四％だけが、その企業長（現在の管理部）が企業の所有者となることを望み、回答者のわずか三％だけが、ロシアのビジネスマンが企業の所有者になることを望んでいる（わずかに三％が外国人が所有者になればよいと思っている）。回答者の二二％は、企業は原則的に民営化されるべきではないと見なしている[272：74-75]。

(42)　前記のアンケートはまた、国の住民の四分の三は資本主義のもとで暮らすという考えそのものを退け、ロシアにおける「資本主義の建設」の合目的性を否定し、資本主義経済の条件のもとで生活し、働きたくないと述べている[272：75-76]。国の指導で行われている資本主義経済形成の路線に対しては、全ロシア世論調査センターが国防企業助成連盟と共同して行った軍産複合体企業の社会経済状態にかんする二つの調査で、回答した企業長の七九％が否定的態度を表明した（六四％の企業長は、民営化の考え方には肯定的であるが、その実際に対してはそうではない）［272：77-78］。

(43) 九三年からロシア連邦労働・社会発展省労働研究所によって行われている、種々の地域に立地し種々の所有形態をもつ種々の工業部門の企業における社会‐労働部面のモニタリング資料が示しているところによれば、企業の財務的安定性の水準と指導者の賃金の上昇率とのあいだには何の連関もない。九六年に、調査対象となった企業で、指導者の賃金は、財務的に不安定な企業では一・五倍になり、財務的に安定した企業では〇・九倍になった［228：40］。

(44) 九七年一〇月三〇日の政府決定第一三七三号「企業その他の営利組織の改革について」では、わが国で労働者の労働モチベーションが欠けている事実が確認されている。

(45) 例えば、九四～九五年にモスクワ、サンクト‐ペテルブルグ、ニージニー・ノヴゴロド、ウラルの八八の民営化企業、一年後に一二の工業部門を代表する同じ都市、同じ地域の三一二の民営化企業で行われた調査は、株式資本中の労働者所有の割合が四二・七％にまで下がったことを示した［229：84、86］。

(46) 労働者の株式所有の問題にかんするアメリカの権威ある専門家で、かつてロシアの国家資産管理委員会のコンサルタントであったJ・ブラジが、ロシア政府の依頼によってなされたロシアの民営化企業にかんする二つの調査（一九九二年末～九三年五月と、九四年五月～九五年六月）の分析にもとづいて行った計算によれば、株式資本への労働者の参加が優勢な大中株式会社の数は、九五年六月までに三分の一ほど減少した。その主たる原因は、約三〇％のケースで購入者として現れた「外部の投資家」と、株式会社の「高級管理者」とによる労働者株式の買占めである。後者は二八％のケースでこの役割を演じた〔99：149〕。

民営化企業の株式資本中の労働者の割合の減少と、そこでの外部の所有者や高級管理者の割合の増大という顕著な傾向は、他の多くの調査によっても示されている。例えば、ロシア国家資産管理委員会によって行われた大株式会社四五六社の調査は次のことを明らかにした。すなわち、五〇％を超える株式を所有している労働集団の割合は、民営化計画実現ののち、八三・二％から六三％に下がり、一〇％以上の株式をもつ管理部の割合は九％から二〇％に増大し、外部の大所有者が一〇％を超える株式をもつ株式会社の割合は七二％にのぼった（八％の公開型株式会社では、外部の所有者が株式の五一％以上を所有していた）〔284：36〕。

(47)　ブラジが見なしているように、まさに株式会社の高級経営者は、「労働者の所有を取締役会でのオペレーショナルなコントロールを確保するために利用したのち、彼らは態度を変え、労働者＝所有者の敵対者となった」〔99：155〕。『計画から市場へ』と題された、世界発展についての世界銀行の報告の著者たちもこれに近い結論に達している。この結論によれば、「指導者は、決定採択の過程への労働者＝株主の参加を事実上排除することによって、自己の企業を完全にコントロールしている」〔195：76〕。

(48)　先に掲げたモスクワ、サンクトーペテルブルグ、ニージニー・ノヴゴロド、ウラルの工業企業調査の資料が示したところによれば、労働者=株主は、株式資本において広く代表されてはいるものの、他の部類の株主、また所有権にもとづかずに企業の決定の採択に参加している自然人や法人（銀行、国家機関その他）に比べて、管理では最も小さな役割しか果していない［229：96-97］。

（49）国家は、現代のロシアにおいて、生産における諸関係の一方の側の利益だけを擁護する力能であることを止めるべきであり、経済面における社会的パートナーシップの思想の普及者としての役割を果し、下位レベルでの生産における社会的パートナーシップ関係への段階的移行に必要な条件と前提の不足を補いつつ（それが可能な限りで）、階級を超越する立場に移るべきである。

**【訳注】**

〈＊1〉原語はунитарное предприятие。そこに割り当てられている資産の所有権が分与されない営利組織で、国家・地方自治体企業のみがこの形態で創設されうる。

〈＊2〉ロシアでは、一九九二年一〇月に、民営化企業の株式を購入するための権利証書（バウチャー）が全国民に無償で交付されたが、その利用期限とされた九四年六月までを「バウチャー民営化段階」（第一段階）と呼ぶ（それ以降は「バウチャー後民営化」または「貨幣的民営化」段階とされ、九四年からは「個別民営化」の段階と言われる）。

〈＊3〉ロシアの民営化においては、大中企業の株式会社化にさいして、従業員に対する特典供与の次の三つの方式の中から一つを選択すべきものとされた。第一方式――従業員は優先株の二五％を無償で受け取り、一〇%の普通株を額面の三割引で購入しうる。第二方式――従業員は定款資本の五一%までの普通株を内部申し込みで購入しうる。第三方式――従業員は普通株の二〇%を三割引で取得でき、また、企業再建の責任を引き受けた従業員グループは二〇%の普通株を額面で取得できる。

# 第二章　ミクロレベルにおける権力＝経済関係の民主化のために

ミクロレベルにおける生産の管理と生産成果の分配の民主化にかんして、わが国および諸外国の経験を考慮に入れた場合、次のような筋道の方策を提案することができる。

## 一　労働権にもとづく民主化のマクロレベルでの方策

❶労働者に、営利組織（以後、組織とする）の法的形態やそこに就業している労働者の数には関係なく、またあれこれの労働者がそうした組織の資産（払込資本）に持ち分をもっているか否かにかかわらず、「一人一票」の原則（これは政治の部面でも経済の部面でも真に民主的な決定採択の原則である）にもとづいて、生産の管理に参加する権利を与える。この権利は、生産過程に

従事するおのおの人間の欠くべからざる自然的権利であり、この権利は市民的および政治的諸権利とともに平等に保障されなければならない。

❷労働権にもとづく、自分が働いている組織の管理の面での、国家によって保障される労働者の最低限の権利の大きさを、法律によって定める。これは、組織のメンバー（参加者）としての労働者のこうした参加の権利、また国際的法規やロシア連邦の法律によって規定されている労働組合の権利を制限するものではない(1)。

この最低限の権利は、とくに、人権宣言、経済的・社会的・および文化的諸権利にかんする国際規約、その他ロシア連邦が批准した、国の法システムの構成部分をなす国際条約・協約・協定の中で定められた基準を下まわるものであることはできない（現行ロシア憲法は、周知のように、国際的法規の優位を定めている）。

筆者の考えでは、組織のレベルにおける生産管理の部面での労働者の最低限の権利は、次のものを含むべきである。

■自分たちの代表機関や全権を委任した者を通じて、また個人的な形で、国の法律に従って職務上または業務上秘密とされる情報を除いて、組織の活動についての情報を受け取り、会計帳簿その他の文書を閲覧する労働者の権利。職務上または営業上の秘密とされる情報は、労働集団(2)の代表機関、または労働集団によって総会（協議会）で全権を委任された者に、その書面による請求に従って、提供される（例えば、スウェーデンの勤労者は、二一年間の粘り強い闘いののち、一九七四年にこれをかちとった(3)。こうした情報を漏らした者は、法律で定められた手続きにより責任を問われる。

■個人的な方法をも含めて、雇用、組織の技術政策および金融政策、また生産過程の管理や組織の発展の見通しの諸問題について提案を行う。

■労働支払い、基準労働量の設定、労働条件、労働の組織化、労働者の職業訓練、労働者への社会文化的・生活的サービス、工場の再建や新生産設備の稼働、生産の縮小、労働者の数、組織の資産構成や組織的＝法的形態の変更、組織の解散等の諸問題について、裁判所の決定あるいは調停委員会やレフェリーの決定がでるまで執行を停止する拒否権をともなって、決定の採択に参加する（労働集団の総会、協議会、全権を委任された機関を通じて）。

■労働集団の総会（協議会）を通じて、労働集団の自主管理の問題を決定する。

■労働集団の総会、協議会、全権を委任された機関を通じて、労働集団基金の利用方法や労働集団に提供されるその他の資金の分配方法を決定する。

■労働集団の総会（協議会）または労働集団によって全権を委任された機関により、組織の経済的または財務的状態の会計検査官またはその他の独立の機関の検査を行うことについての決定を採択する。これには、法律で定められた手続きで、組織の資産の所有者による検査の実施についての決定も含まれる。

■取締役会（監査役会）に代表を送る。

■国際的法規、ロシア連邦の法律、組織の定款、団体協約、部門・地域・一般協定に応じた、その他の諸問題を決定する。

営業管理権にもとづく国家および地方自治体専有企業（官営企業）〈＊1〉の労働者には、以上に挙げた権利のほかに、次のような権利が与えられるべきである。

■企業の設置者と共同で、企業の定款の改正と増補を検討し、承認する（労働集団の総会、協議会で）。

■企業の設置者と共同で、企業の指導者の雇用のさいの契約条件を決定する（労働集団の総会、協議会で、または労働集団によって全権を委ねられた機関により）。

■企業の設置者に対して、企業の組織的＝法的形態の変更のイニシアチブをとる。

経済運用権にもとづく国家および地方自治体専有企業〈＊2〉の労働者は、先に挙げた権利のほかに、次のような権利が与えられるべきである。

■企業の設置者と共同で、企業の指導者の雇用についての決定を採択する（労働集団の総会、協議会で）。

■企業の設置者に対して、企業の資産を、しかるべき国家機関との契約にもとづき、労働集団（労働集団によって形成される法人）に代表される企業の経済的運用か(4)、あるいは労働集団（労働集団によって形成される法人）への賃貸に引き渡すことを提起する。

■企業が破産宣言を受けた場合（企業の解散が決定された場合）に、労働集団の総会（協議会）において、企業の資産を、労働集団（労働集団によって形成された法人）に代表される企業の経済的運用か、あるいは労働集団（労働集団によって形成された法人）への賃貸、もしくは企業が民営化される場合には、買取り権つきの労働集団（労働集団によって形成された法人）への賃貸、または民営化にかんする法律で定められた手続きで、労働者によって形成された人的会社（物的会社、生産協同組合、人民企業）の所有に引き渡す決定を採択する(5)。

労働集団（労働集団によって形成された法人）に代表される企業の経済運用権にもとづくか、あるいは労働集団（労働集団によって形成された法人）によって賃借された、国家および地方自治体専有企業の労働者には、先に挙げた権利のほかに、次のような権利が与えられるべきである。

■企業の指導者を雇用する。

■企業の指導者を雇うさいの契約条件を決定する（労働集団の総会、協議会、または労働集団によって全権を委ねられた機関により）。

■自己の代表機関を通じて権利を行使し、法律に従って全責任を負う。

以上のような最低限の権利は、使用者（その代表者）との交渉の中で拡大することができ、団体協約、部門・地域・一般協定で確定される。

一方、使用者は、組織の管理への労働者の参加を保障する条件をつくらなければならない。

使用者は次のような義務を負うべきものと思われる。

■少なくとも年に一回以上、労働集団の総会または協議会（労働集団によって全権を委ねられた機関）に、組織の経済的・財務的状況について情報を提供する。

■しかるべき請求を受けてから例えば五日以内に、組織の活動について労働者に情報を提供する。

■一か月以内に、書面による労働者の提案を検討し、とられた措置について労働者に通知する。

■法律で定められた手続きにより、労働集団によって全権を委ねられた機関と共同で、生産上の決定を採択する。

■例えば総時間数で年間八時間以上の、勤務時間内に総会（協議会）を開催する可能性を労働集団に与える。

■労働集団によって全権を委ねられた機関に、この機関の活動のため、労働集団の総会（協議会）の開催のため、また労働者の経済教育・啓蒙活動の実施のために、あらゆる設備・照明・暖房が備わり、よく整頓された必要な場所を無償で提供する。

■労働集団によって全権を委ねられた機関の専従でないメンバーに、社会的義務を果すために、勤務を免除される時間を、賃金を支給した上で供与する（例えば、従業員一〇〇人以下の組織では一か月に一〇時間以上、一〇〇〇人以下の組織では一か月に一五時間以上、一〇〇〇人を超える組織では二〇時間以上）。

■労働集団によって全権を委ねられた機関の専従でないメンバーに、必要であれば社会的義務を果す上での教育のために、勤務を免除される時間を、平均賃金を支給した上で供与する（例えば全権者として選ばれた任期中に四週間以上）。

■労働集団によって全権を委ねられた機関に、労働集団の総会（協議会）の要求により、組織の経済的・財務的状態の会計検査官による検査その他の独立の検査を行うために必要な資金を提供する。

❸ 例えば、九〇年一二月一四日の「ベラルーシ共和国における企業について」のベラルーシ共和国の法律（九二年四月二三日、九三年一月二七日、九三年六月二九日、九三年一二月一〇日にベラルーシ共和国最高会議により改正と増補）第五一条で規定されているように、所有の種類、法的形態、そこに従事している人数には関係なく、組織の機関に労働者の代表を派遣する基準（固定的な、あるいは最大限ではなくて最小限の人数）を定める。このベラルーシの法律の条文によれば、「企業の理事会（取締役会）は、企業の定款に別の定めがないかぎり、企業の資産の所有者またはその全権機関によって任命される者と、労働集団によって選出される者との同数の代表者から構成される」。

組織の労働者は、その法的形態にかかわりなく、取締役会（監査役会）に取締役会（監査役会）メンバーの総数の三分の一以上の代表を派遣する権利をもつべきだと思われる。

労働者による、自分たちの代表者の取締役会（監査役会）への選出、またそのリコールの手続きは、労働集団の総会（協議会）で承認され、あるいはそのメンバーの署名により確認される、組織の管理機関における労働者の代表制についての規程によって規定される。

❹ 組織の資産（払込資本）および／またはその利潤への労働者の参加による、生産管理への労働者

の参加の補完(6)(利潤参加の場合には、あれこれの労働者が自分の組織の資産または払込資本に持ち分をもっているか否かにはかかわらない)。これは組織のメンバー(参加者)としてのその利潤への労働者の参加権を制限するものではない。

組織のすべての労働者が、法的形態にかかわりなく、その資産への参加権(国家および地方自治体専有企業、また株式の一〇〇%が国家的または地方自治体的所有のもとにある公開型株式会社を除く)、また利潤分配権をもつべきだと思われる。

このために組織には、その法的形態にかかわりなく、組織の労働者株式化基金が形成される。この基金は、例えば組織の純利潤の一〇%以上を割くことによって形成される。労働者株式化基金(所得税を免除される)の資金は、特恵的条件(オプション)で労働者に売却するために、組織の定款資本(資産)における株式(出資持ち分、持ち分の一部)を取得するためだけに支出される。

組織の労働者株式化基金の設立、資金の形成と利用の手続きは、労働集団の総会(協議会)で承認されるか、あるいはそのメンバーの署名によって確認される、組織の管理、資産および利潤分配への労働者の参加についての規程によって規定される。

決定は、組織の在籍労働者数の、例えば過半数の賛成があれば、採択されたものとみなされる。

一方、使用者は、組織の資産(払込資本)や利潤分配への労働者の参加を保障する条件をつくらなければならない。

とくに、使用者は、会計年度が始まって一か月以内に、組織の労働者株式化基金に、国の法律で定められた規模で利潤の一部を控除する義務を負うべきものと思われる。

組織の管理、資産（払込資本）および利潤分配への労働者の参加を保障する条件をつくるという、法律で課せられた義務を履行しない使用者は、裁判所の手続きによって、例えば義務不履行の一件あたりでロシア連邦の法律で定められた最低賃金額の一〇倍から五〇倍の罰金を課せられる（ロシア連邦議会下院に提出された「営利企業の管理、資産および利潤への労働者の参加について」の連邦法草案を参照）(7)。

❺生産におけるパートナー的関係の樹立の条件の一つとして、高級管理者と一般の労働者との賃金（所得）格差の、法的な方法（国有セクターで）、または契約形態（非国有セクターで）による制限。企業における賃金（所得）支払いのさいの諸外国での「非公開主義」の経験を引き合いに出すことは、ロシアの労働者の民族的メンタリティの特殊性や国の現状の特質を考慮に入れたものではない。

❻自主管理または社会的パートナーシップの原則にもとづく新しい経済運営システムの導入にかんする諸経験についての、独立の鑑定の実施。こうした専門家の鑑定は、この種の経験の宣伝と普及だけでなく、生産における諸関係のロシアの改革の社会的方向性を変える上でも、肯定的役割を果しうる。

## 二　労働権にもとづく民主化のミクロレベルでの方策

❶伝統的な団体協約の雛形に、ロシア連邦の法律で定められた生産の管理や生産結果の分配の部面での労働者の権利を拡大する方向での改正や増補を行うこと。

その法的基礎となりうるのは、団体協約の一方の当事者としての労働者の、団体協約の内容と構成を提案し、雇用者（団体協約の他方の当事者）の合意が得られる場合にはそれと共同でこれを決定する権利である（九二年三月一一日の「団体協約・協定について」のロシア連邦法（九五年一一月二四日の連邦法による改正あり）第一三条第一項「団体協約の内容と構成」）。

❷多くの諸外国でよい結果を生んだ、相談所や労働者の経済教育・啓蒙システム等々といった産業民主主義のいわゆる支援組織の創設。

## 三　所有権にもとづく民主化のマクロレベルでの方策

❶先に指摘した、民営化や銀行等の部面での生産協同組合の差別の撤廃や、協同組合その他の集団的所有の形態（変種）の経済における対等な条件の確保をめざす、連邦レベルでの法律や法令の改正と増補（とくに、「一九九七年民営化法」、それに「ロシア連邦国家民営プログラムの施行について」および「銀行および銀行活動について」の連邦法草案の改正）。

❷再民営化（先に民営化された企業の一部の、プラグマチックな考慮による一時的な選別的な国有化行為が行われた場合の(8)）を含め、民営化の可能な方法の拡大（賃借者に分割払いでの買取り権を与えた上での、労働者によって形成された法人への、民営化を予定された企業の賃貸(9)）。これは労働者所有に内在する肯定的な潜在力を実現させることを狙いとしている。このさい、労働者の当面のニーズではなく、いわゆる将来のニーズ（労働者のあいだで分配される配当やまた利潤の一部を、投資に、あるいはまた労働者の第二の年金である組織の年金基金に振り向ける）を刺激するような、資産（払込資本）および／または組織の利潤への労働者参加のメカニズムを処方することが目的にかなっていると思われる。

この問題の実際上の解決の道の一つとして、われわれは、民営化・企業活動高級学校の専門家によって作成された、自己の企業の資産への労働者の参加の一構想を提案することができる。それは、国家、私的企業家、労働者のパートナーシップの思想にもとづいて、民営化の過程と企業の財務的健全化とを結合することを目ざすものである(10)。

要するにそれは新しい民営化の方式——「毎年蓄積された利潤からの控除による分割払いでの企業の資産の買取りをともなう、労働者参加のもとでの企業家プロジェクトの公募入札による、国有企業および地方自治体企業の民営化」である。

提案されている民営化方式の構想は次のようなものである。すなわち、企業家プロジェクト（国有企業再建計画）公募入札での落札者（それになることができるのは、経営者個人、経営者グループ、労働者グループ、そのメンバーがこうした公募に参加するために人的会社または株式会社または生産協同組合を形成し、公募入札の自立的な参加者となるか、または文書もしくは協定によって規定された条件で特定の参加者と共同して応札する、労働集団である。公募入札の落札者には、そこに参加した外部の企業家組織もなることができる）とのあいだで、その権利・義務、また株式の一〇〇％が国家に属する公開型株式会社の指導者としてのその責任の形態を定めた契約が結ばれる。

すべての株式は、プロジェクトの実現の期間中は、国家的所有のもとに残されたまま、公募入札の落札者の信託管理に引き渡される。かくして、所有者の交代という形式的な手続きではなく、民営化さるべき企業の危機からの脱出という実際的な問題が前面に現れるのである。このさい、国家機関は、企業の経常的活動には介入しないが、しかし、企業の定款の改正と増補、企業の組織的＝法的形態の変更、企業の解散といった問題にかんする拒否権、また企業家プロジェクトの遂行過程への監督権は保持する。

同時に、国家は、落札した企業家プロジェクトで予定された企業のリストラ計画を支援するが、それはまず第一に、連邦および地域レベルでの特別国家＝民間支援基金の創設に協力する形で行う。

この種の基金の資金（国家的所有対象の担保、私的金融・銀行組織の納付金、民営化されることになっており、同時にリストラ段階にある企業の株式に将来的に転換することを予定している連邦債・地方債の起債による資金収入その他が、その源泉となりうる）は、返済を条件に、必要な投資総額の八〇％に当る分だけ（残りの投資額二〇％は、落札者がまだ応札者である時期に自分で用意しなければならない）、特恵的な課税条件で、公募入札の落札者に引き渡される。

企業のリストラ過程が完了した時点で、公募入札の落札者には、当人が参加して民営化される企業の資産の三〇％までを、特恵的条件で、すなわち信託管理契約締結時に先立つ四半期の一日現在の貸借対照表のデータで評価された貸借対照表価額、または最終市場価額で、取得する権利が与えられる。後者の場合には、落札者の「利益」は、公募入札実施時の有利な信用供与・課税メカニズムによって保障される。

公募入札条件が履行された場合には、企業の資産の一部はその労働者の所有となりうる（自分の企業の分割払いでの買取りへの参加が労働者によって決定されている場合に）(11)。

こうした買取りの手続きは、〔共同する〕公募入札の参加者とのあいだで調印された文書（協定）によって規定され、買取りは（当人が公募入札で落札した場合）企業家プロジェクト公募入札の落札者が受け取るのと類似の特恵的条件で実現される。このさい労働者は、国家民営化プログラムで予定されているような別の種類のすべての特典に対する権利を失う。買取りは、企業労働者株式化基金といった制度を利用して行われる。そこには、企業の利潤からの毎年の払い込みによる企業資産買取りのための貨幣資金、また民営化によって得られた資金のうちのこの目的に向けられる部分が蓄積されている。

企業の資産（払込資本）のうち買取られた部分は、賃金の額、毎年の稼得時間数、労働者の技能資格、勤続年数に応じて（言い替えれば労働貢献度に依存して）、労働者の個人口座に分配される。労働者によって購入される株式は普通株（議決権株）である。労働者はそれを利用し処分する権利を、企業家プロジェクトの実現の期間の終了後、もしくは企業資産の購入のさいに生じたあらゆる負債の返済後に、受け取る。

企業資産の買取り、企業労働者株式化基金や労働者個人口座の形成と利用、また労働者によって買取られた株式の退職時の企業労働者株式化基金への売却、あるいはこれらの株式の優先株への転換（これは労働者の死亡後は、その相続者に、企業の管理への参加権ではなく、所得を得る——企業が成功裡に活動している場合——権利を与える社債と交換されるべきものとされる）の具体的な手続きは、しかるべき国家機関との契約によって規定される（詳しくは、九七年に、ロシア連邦労働・社会発展省の依頼により、著者が指導者として参加して労働研究所によってなされた、「社会的パートナーシップ企業における生産関係システムの形成」にかんする報告を参照）。

労働者は（公募入札の落札者と同様）自分の企業の資産への持ち分を、企業の利潤をつくり、増やすことによって「稼ぎ出」さなければならない。利潤は、そこから資金が得られる唯一の源泉なのであり、この資金が雇用労働者を株主に(12)、しかも賃金の形で労働からも、また配当の形で所有からも所得を受ける特別な種類の株主に、するのである。

自分の企業の資産に労働者が参加する、ここで提案されている構想は、ESOP制度を、ロシアの条件に適応させた形で、またその民主的な異種（自分の会社の財産への労働者の参加と管理への参加との統合を基礎とする）として利用することに立脚している。

民営化された工場の管理への労働者の参加によって補完されれば、企業資産への自己の参加を「稼ぎ出す」権利（可能性）を雇用労働者に与えることは、生産効率の向上と企業活動の末端レベルにおける社会的合意の達成の重要な要因となる。

❸ 民営化の方法、労働者所有の種類（集団的＝不分割的、集団的＝持ち分的、混合的）、労働者＝所有者の範囲（全労働者か、労働者の一部か）、企業の資産（払込資本）における個々の労働者の〔持ち分の〕上限等の選択で、労働集団メンバーに優先権を与える。

❹ 労働者＝株主（出資者）に、生産管理への参加の種類（共同参加、共同管理、労働者統制、自主管理）や民営化企業の組織的＝法的形態——閉鎖型または公開型株式会社、「人民企業」、有限会

社、生産協同組合、その他（企業の資産が労働者によって形成される法人の所有に移る場合）——の自由選択権を与える。

❺企業（株式会社）の利潤の一部をそれに割くことによって形成される、労働者株式化基金から、一定数の株式を特恵的条件（オプション）で得る権利を、民営化企業の労働者に取り戻す(13)。

❻とくに、労働者に、無償で受領し、あるいは特恵的条件で取得した株式を、いかなる条件や留保もなしに、優先株から普通株に転換する権利（言い替えれば、労働者=株主は、優先株の保有者になるか普通株の保有者になるかを選択する自由をもつべきである）や、また国有企業または地方自治体企業の民営化の結果形成された株式会社の資本における持ち分に応じて、会社の管理機関に代表を送る権利を与えることにより、会社の管理への労働者=株主の参加に対する人為的な制限を廃止する。

❼労働者=株主に、自己の所有の保護にかんする権利を与える。すなわち、企業労働者株式化基金に、会社の労働者によって売却される株式を、他の労働者への売却のために買取る優先権を与え、五〇%を超える定款資本が労働者に属している閉鎖型株式会社に、会社の株主数にかかわりなく自己の閉鎖性を維持する（労働者の七五%以上が会社の株主であるという条件で）権利を与える。

❽労働者所有の成立期に、この所有の形成過程に対して国家の側から援助を与える。すなわち、労働者に、民営化される資産をその実勢（市場）価額で、将来の所得により分割払いで、このさい信用返済に当てられる利潤は課税を免除されて（九二年七月二一日の、労働者の株式資本所有

についてのハンガリー共和国の法律で規定されているのと同様に、全額または一部免除）買取る可能性を与え(14)、自分の企業の資産の買取りのために労働者によって形成された法人に信用を与える銀行に対して税制上の特典制度を導入する、など。

## 四　所有権にもとづく民主化のミクロレベルでの方策

❶ 労働者=メンバー（労働者=所有者）によって、集団的=不分割的所有形態が選ばれるさいに――
人的会社または物的会社を生産協同組合に改組し、協同組合に属する資産の大部分が不分割フォンドをなすとの特別条項を定款に含めること。

この法的基礎は、「ロシア連邦民法典」第六八条第一項(15)および第一〇九条第一項(16)、九六年の「生産協同組合法」第一一条第一項(17)である。

❷ 労働者=所有者の範囲の拡大にかんする決定の採択のさいに――
●会社の労働者に一定数の株式を特恵的条件で企業労働者株式化基金から購入（受領）する権利を与え、この目的のために会社の利潤の一部を割くことを規定した条文を、株式会社定款に含めること。

この法的基礎は、九六年の「株式会社法」第三五条第二項である。

●労働者に、銀行信用を利用して購入された株式を分与すること（高収益の営利組織によってのみ可能）。
●一人の株主に属する株式数とその額面総額を制限すること。
　この法的基礎は、九六年「株式会社法」第一一条第三項である。
●人的会社または物的会社を生産協同組合に改組し、協同組合のメンバーとなる条件として市民の個人的労働参加についての条文を定款に含めること。
　この法的基礎は、「ロシア民法典」第六八条、第九二条第二項(18)、第一〇四条第二項(19)、第一〇七条第一項(20)、九六年の「生産協同組合法」第一条である。
●組織の労働者により、その人民企業への改組に同意を与えること。
　この法的基礎は、「人民企業法」第二条第四項である。
❸労働者による、組織の資産（払込資本）における彼らの持ち分の維持（増加）にかんする決定の採択のさいに――
●労働者によって無償で得られたか、または特恵的条件で取得されたか、あるいは内部の申し込みその他によって取得された、一括された単一パッケージの株式を労働者=株主によって形成すること。
●競売または公募入札により自分の企業の資産の購入を組織するために、労働組合および／または労働集団評議会の協力を得て、人的会社（物的会社、生産協同組合）を設立すること。
●会社の労働者株式化基金の形成を規定した条文を株式会社の定款に含めること。

この法的基礎は、九六年の「株式会社法」第三五条第二項である。

●公開型株式会社の労働者に属する株式を集積し、それを回収する労働者の権利を制限するような（今日、多くの株式会社でそうしたことが行われている）閉鎖型株式会社を創設すること。この場合閉鎖型株式会社は、事実上、トラスト、または公開型株式会社の「内部的持株会社」の機能を果す。

●組織が外部の所有者のコントロールに移るのを防ぐ手段として、株主（出資者）の中に労働組合を含めること。

●人的会社または物的会社を生産協同組合に改組し、生産協同組合のメンバーとなる条件として、市民の個人的労働参加にかんする条項をその定款に加えること。

●組織の労働者により、その人民企業への改組に同意を与えること。

❹労働者＝株主による、組織の管理への自己の参加を増大させることにかんする決定の採択のさいに――

●信託の形で、労働者に属する株式、それによってまた議決権を、次の者に引き渡すこと。

(a) 株主総会、その他の会社管理機関においてそれを委任された者に。この者は、労働者＝株主集会の決定または選出機関によって公式に作成された指示に従って、その株式会社の労働者に属する株式の一括された単一パッケージによって投票を行う。

(b) 創設される（多くの場合、労働組合および／または労働集団評議会の協力を得て）労働者所有発展基金――信託の形で労働者に属する株式を管理し、株主総会で勤労所有者の利益を代表する機関

——に。こうした基金の理事会では、労働組合その他の勤労者組織の労働者代表が多数を占めなければならない。

●第一回の株主総会で、労働者によって無償で受領されたか、あるいは特恵的条件で取得された株式の、優先株（非議決権株）から普通株（議決権株）への切替え（転換）、また外部の所有者に属する株式（および株主総会で定められた上限を超える労働者の個人株式(21)）の、普通株から優先株への切替え（転換）にかんする決定を採択すること(22)。

●株式会社の定款に、一株主に与えられる議決権の最大数の制限を規定する条文を加えること。

この法的基礎は、九六年の「株式会社法」第一一条第三項である。

●株式を、株式会社の管理への参加ではなく一定の所得の受領権を保有者に与える社債と取り替えること（外部の所有者に対して）。大量の社債はその保有者に大きな所得をもたらすが、会社における決定の採択へのその影響力を増大させない(23)。

●人的会社または物的会社を生産協同組合に改組すること。これは「一人一票」という原則にもとづく決定の採択を可能にする。

●組織を人民企業に改組することに対して労働者の同意を与えること。

以上が、最も一般的な点で、ミクロレベルにおける経済=権力関係の民主化の主要な方向とメカニズムと思われるものである。提案されている方策の何らかの細部については、あるいはことによれば筆者によって擁護されている若干のコンセプト的な命題すらも、なおいっそうの仕上げや修正を必要とするであろうことは排除されていない。しかし主要な結論は引き出しうるものと思われる。労働者に、生産の管理、また生産成果の分配への参加の権利を与え、この権利を実際に実現することは、ロシアの労働者の多くの部分、あるいは少くともかなりの部分を、社会における政治的安定と生産における競争的＝パートナー的関係の支持者の地位に置く――これはこれで、ノメンクラトゥーラ的＝犯罪的原初資本主義か国家＝官僚主義的資本主義（とはいえ新たな装いでの）のあれこれの変種かという、わが国にとって絶望的な選択を避けることに役立つ――だけでなく、ロシア経済を、全世界的傾向に最大限合致し、かつわが国の民族的特殊性や歴史的伝統にも合致した発展の道に導くことをも促すであろう、ということがそれである。

【注】

（1）　労働組合は、雇用労働者にとっても、労働者＝自己の組織のメンバー（参加者）にとっても必要である。後者の立場は二重である。労働者としての利益と株主（出資者）としての利益とは別である。これらの利益は、とくに短期的に見た場合、必ずしも一致しない。さらにまた、雇用労働者の少数者や個々の労働者の権利擁護の問題も起る。雇用労働者の多数者の押しつけは、その少数者にとって、あるいは個々の労働者にとって、管理部の専横に劣らず容認しがたいものである。最後に、工場において労働組合以外には、雇用労働者ならびに労働者＝株主（出資者）の社会的＝職業的利益擁護の機能を必要な程度に果すことのできる機関は存在しない。

（2）原則として、労働集団というのは組織の労働者の総体のことである。筆者の意見では、組織の管理機関の職員は、国有企業または地方自治体企業がその労働集団（労働集団によって形成される法人）に代表される企業の経済運用権にもとづいているか、または労働集団（労働集団によって形成された法人）に賃貸に出されている場合、あるいは組織の資産がその労働者（労働者=株主、出資者によって形成された法人）の所有のもとにある場合を除いて、労働集団のメンバーには入らない。

（3）情報——それは権力である。情報の独占——それは独占権力である。ロシアの多くの組織で、経済情報に対する管理部の、部分的には外部の所有者の、事実上の独占を廃止しなければ、生産における彼らの専制に終止符を打つことはできない。経済情報への実質的なアクセスを得ることによってのみ、労働者とその機関は、生産管理の面での他のすべての権利を実際に実現することができるのである。

（4）この場合、企業は経済的自立性を得るが、その労働集団（労働集団によって形成された法人）は、社会ならびに自己のメンバーの利益のために欠損が出ないような企業の機能を保障し、またしかるべき全権国家機関または地方自治体機関との契約で規定された義務の遂行を保障することを義務づけられる（国家または地方自治体資産の保全、契約締結のさいの相互的義務、国家発注の履行条件その他に対する、責任ある労働集団（労働集団によって形成された法人）の形態）。

（5）法律で定められた期限の終了後、労働集団が、国有企業または地方自治体企業の資産を労働者によって形成された法人の経済的運用または賃借または所有に引き取ることを拒否した場合には、しかるべき機関に代表される国家は、一般的手続きによるその脱国家化または民営化についての決定を採択することができる。

（6）ベラルーシ共和国の法律によると、労働集団は「経済活動への労働参加」のゆえに自分の企業の資産の所有権をもつ（九〇年一二月一一日の「ベラルーシ共和国の所有について」のベラルーシ共和国法（九二年四月三〇日、九三年六月二日、九三年六月一七日、九五年九月六日、ベラルーシ共和国最高会議により改正・増補）第四条「所有権の発生」）。

（7）この法案は次の著者集団によって準備されたものである。経済学博士候補・政治学博士J・ケレメッキー（ロシア連邦労働・社会発展省労働研究所指導研究員）、経済学博士・教授A・コルガーノフ（モスクワ大学指導研究員）、自然科学アカデミー正会員V・リシーチキン（ロシア連邦議会下院経済政策委員会副委員長）、経済学博士O・マリャローフ（ロシア科学アカデミー東洋学研究所主任研究員）、歴史学博士候補V・モジャーエフ（労働組合総評議会執行委員会国際部課長）、V・ポノマリョフ（同社会経済部エキスパート）、経済学博士候補・自然科学アカデミー準会員G・ラキツカヤ（ロシア科学アカデミー経済研究所上級研究員、自然科学アカデミー国の展望と諸問題研究所労働・労働運動センター長）、G・ザヴィヤーロヴァ（ロシア連邦労働・社会発展省労働研究所上級研究員）および経済学博士候補、E・ルーディック（民営化・企業活動高級学校教授代行、ロシア連邦労働・社会発展省労働研究所部長——著者集団の長として）。

法案のテキスト（第一稿）は、単独の出版物として、また雑誌『アリテェルナチーヴィ』（一九九五年第三号）および『自主管理』（九五年第三号）に発表された。法案（第一稿）の主要な命題とそれへの注解は、雑誌『ロシア連邦』(E・ルーディック「民主主義の欠けた片方」——九四年第四号)および『経済の諸問題』(J・ケレメッツキー、V・リシーチキン、E・ルーディック「労働と生産における民主主義」(経済的=法的アスペクト)——九五年第六号)にある。

(8)　例えば、私的資本の手に負えないような、国あるいは地域の経済にとって重要な企業に、その後外部の私人またはその労働者および/または管理部に売却することもありうるものとして、国家予算の資金で救済措置を施すような場合。

(9)　「一九九七年民営化法」第二六条第一項「賃貸に出された国有資産または地方自治体資産の買取り」を、次のような条文にすることが提案されている——

1　買取り権つき賃貸借契約に従って賃貸に出された、国家または地方自治体的専有企業の資産の民営化は、そうした資産の賃借者の申請にもとづき、次のような方法で行われる。すなわち、買取りの規模、その提出の期間と手続き、ならびに他の条件が上記の契約で定められている場合には、買取り権つき賃貸借契約に従って。

国家または地方自治体専有企業の公開型株式会社への改組(こうした資産の賃借者に、それぞれロシア連邦、ロシア連邦主体、地方自治体に属する上記の会社の株式の優先的取得権を与えて)、また上記の企業の常勤労働者の九〇%以上の同意のある場合には閉鎖型株式会社または生産協同組合への改組によって。

(10)　おのおのの具体的な経済主体について民営化の経済効率を高めるという問題は、自分たちが行っている経済改革を不可逆的なものにするという政治的テーゼの優先的実現を期したロシアの民営化論者によって、後景に退けられてしまった（ここから全世界を驚かせたロシアにおける民営化の高いテンポが生じた）。そしてようやく民営化の現段階――「個別の」民営化の段階――で、ロシア経済および個々の企業の経済活動の効率向上が民営化の主要な優先的目的の一つとして規定された。これは多くの場合、民営化と、それ以前あるいはその過程での民営化施設の義務的リストラ（救済措置）との結合を（その上に）必要とする。しかし現在、こうした結合は存在していない［230：41-45］。

(11)　企業家プロジェクト公募入札に労働者が参加する決定は、企業の労働者の総会によって採択されるか、あるいはそのメンバーの署名簿によって確認される。企業の在籍労働者数の三分の二以上の賛成投票（署名）があれば、決定は採択されたものとみなされる。

(12)　労働者には、実際には、自分の貯金または賃金で、ある程度の数の株式を市場価額で取得する可能性はない。全ロシア世論調査センターのデータによれば、それを望んでいる労働者の四～五％しか株式を取得するための資金をもっていない。

(13)　「一九九七年民営化法」第二六条のあとに、「一九九一年民営化法」第二五条の本文にある「企業労働者株式化基金からの株式（持ち分）の取得」という条文を入れることが提案されている。

(14)　この場合、労働者は、他のあらゆる民営化特典の権利を失う。

(15)　「ある種類の人的会社および物的会社は、本法典に定められた手続きで、参加者の総会の決定に従って、別の種類の人的会社および物的会社、あるいは生産協同組合に改組されうる」。

(16) 「協同組合に属する資産の一定部分が、定款で定められた目的のために使用される不分割フォンドをなすことは、協同組合の定款によって定めることができる」。

(17) 「協同組合の不分割フォンドの形成についての決定は、協同組合定款に別の定めがない限り、協同組合員の全員一致の決定によって採択される。協同組合の不分割フォンドをなす資産は、協同組合員の持ち分には含まれない」。

(18) 「有限会社は株式会社または生産協同組合に改組されうる」。

(19) 「株式会社は有限会社または生産協同組合に改組されうる」。

(20) 「個人的労働その他の参加およびそのメンバー（参加者）による財産出資払込金の統合にもとづく……共同的生産もしくはその他の経済活動のための会員制の市民の自発的統合は、生産協同組合と認められる」。

(21) 定款資本（払込資本）の一〇〇％がその労働者または労働者と管理部に属する組織が問題となっている場合。

(22) このためには、株式会社の定款に、さまざまな種類の株式の発行の可能性についての規定を加え、特別な文書でそれらのありうべき転換のメカニズムを詳細に記述する必要がある。

(23) 会社によるいわゆる外部株式の発行は、外部の株主による会社権力の奪取に導くか、あるいは会社の存立そのものすら危くしかねないが、いわゆる内部株式の導入は、管理権という見地から、その所有者となった労働者の階層分化に導くおそれがある（投票は「一人一票」の原則ではなく、一人の労働者のもつ株式数を考慮して行われる）。

【訳注】

〈＊1〉〈＊2〉 国家または地方自治体が完全な所有権をもつ専有企業には、営業管理権（право оперативного управления）にもとづく企業（官営企業）と、経済運用権（право хозяйственного ведения）にもとづく企業との二種がある。同じように所有者としての国家（または自治体）の権限が強いが、とくに前者の場合には、企業の債務に対して国家が補充責任を負うなど、企業の財産権は大きく制約されており、またこれに応じてオペレーショナルな経営活動の分野でも自立性は最も小さい（価格制定権をもたず、利潤の分配方法や利用方向を決定することができず、金融財源の不足は国家によって補充されるなど）。

# 結びに代えて

今世紀初頭、第一次ロシア革命の直前に、文豪トルストイはニコライ二世に宛てた手紙で次のように書いた――「人類の生活のおのおのの時期には、人類がめざす最良の生活形態を実現する階段の、その時代に応じた最も差し迫った一段というものがあります。五〇年前、こうした最も差し迫った一段は、ロシアにとっては農奴制の廃止でした。今では、労働者の上に君臨している少数者からの職場の解放、労働問題といわれるものがそうした一段なのです」[251]。

世紀末――第三のミレニアムの境目――にあって、労働問題は、ポスト共産主義のロシアにとって、トルストイの時代のツァーリ・ロシアに勝るとも劣らずアクチュアルな問題である。ゆえにこの問題は解決されなければならない。

# 訳者あとがき

本書の著者、エミール・ルーディック教授は、おそらくその著作がわが国で紹介されるのは初めてであり、日本の読者にはあまり馴染みがないかと思われるが、労働者の経営参加や自主管理企業の研究では、国際的にかなり名の知られたロシアの経済学者である。現在、この分野での世界的権威である、アメリカ・コーネル大学のJ・ヴァネック教授とともに、「産業民主主義導入の方法とメカニズム」にかんする国際研究プロジェクトを指導しているほか、国際会議での報告や欧米の出版物への寄稿も数多い。訳者は一九九七年秋にモスクワで初めて教授にお会いしたが、どちらかといえば地味で朴訥な感じの、誠実な研究者という印象であった。まず初めに、いただいた略歴表をもとに、簡単に著者を紹介しておきたい。

ルーディック教授は、一九四三年一〇月、旧ソ連トルクメン共和国クシカ市（アフガニスタン国境近くの、旧ソ連で最南端の地）に生まれ、南ロシアのロストフ・ナ・ドヌー国立大学を卒業したのち、モスクワの世界経済国際関係研究所で大学院課程を修了した。その後ソ連科学アカデミー経済研究所で研究者としてのスタートを切り、「産業民主主義の世界的経験」研究室を主宰し、次いで雇用問題研究所に移り、「新経済制度成立の社会的諸問題」研究室の主任となり、現在はその後身のロシア連邦労働・社会発展省労働研究所で「所有と労使関係改革」部部長を務めるとともに、企業家養成のための高等教育機関、民営化・企業活動高級学校の教授でもある。

このように教授は、生産管理と成果分配での民主化の理論と実践の分野の研究に三〇年以上もたずさわっている、ロシアにおけるこの分野でのリーダー的な存在であり、所有民主化全ロシア・センター（残念ながら訳者はこの組織については詳らかではない）の長を務めるほか、ロシア議会下院の所有・経済活動委員会のエキスパートとして、「営利企業の管理・資産・利潤への労働者の参加」、「株主としての労働者の権利の擁護」、「国有化」などにかんする法案の作成にもたずさわり、またロシア各地の企業での所有の民主化の実践にもかかわっている。教授はまた、最近わが国でも名が知られるようになったロシアの民主的左翼の代表的研究者、A・ブズガーリン・モスクワ大学教授が編集長を務める国際的理論誌『アリチェルナチーヴィ（オルターナティヴス）』の編集委員でもある。教授にはこれまで一〇〇点以上の著作があり、その一部は一〇か国以上で翻訳されているとのことであるが、こうした著作活動の一端は、本書巻末の文献表からもうかがうことができる。そしておそらく本書によってであろうが、最近、経済学博士の学位を授与されている。

＊　＊　＊

さて、本書の表題にもなっている「産業民主主義」という言葉は、もともと、フェビアン主義の指導的理論家であるウェッブ夫妻によって初めて用いられたものであることは周知である。それは、参政権を中心とした政治的民主主義だけでは、労働者の状態を大きく改善するはことはできないとして、労働組合内部の民主主義の確立を踏まえて、相互保険、団体交渉、法律制定などの方法によって、組合の影響力を直接産業社会の中で拡大していこうとする主張であった。もっとも、ウェッブ夫妻によれば、労働組合が関与しうる領域は労働条件の決定にかかわるものに限定され、その意味で組合は企業家の決定領域を侵すことなく、産業の能率や公共の利益を損わないものとみなされていた。こうしたことから、産業民主主義の主張は、一方では、資本主義社会で労働組合が市民権を確立し、労働条件が集団的に規制されるようになる上で一定の積極的な役割を果したと同時に、他方では、産業能率増進で組合が果す役割が強調されるなど、労使協調思想の色合を帯び、産業の労働者管理を主張するサンジカリズムや階級闘争を重視するマルクス主義の側からの批判を受けることにもなったのである。

政治変革を目ざすのではなく、議会制民主主義を前提とした上で、産業の組織化にも民主主義的原理を導入しようとするこうした固有の意味での産業民主主義は、第二次大戦後にヨーロッパで成立した社会民主党を主班とする勤労者政権のもとで、多かれ少なかれ、実現をみることとなった。その具体的な形態として、労使協議制、国有企業の重役会への労働者代表制、国民経済の諮問機関への労働者参加などが制度化され、また団体交渉の対象領域も徐々に拡大された。

一九六〇年代後半以降、ヨーロッパを中心とした先進資本主義諸国で、技術進歩にもとづく産業社会に固有な病理が表面化するようになると、単調労働からの解放など労働の質的意味を問う動きが強まり、知的水準の向上したこうした労働者の労働の人間化への要求を容れて、決定参加の領域を労働条件だけにとどめず、管理的決定にまで拡大するような方向が生じてきた。他方、オイルショック後の国際競争の激化のもとで、労働者の高い労働モラールにもとづいて競争力の強化をはかり、企業内での労使対立の緩和をはかる必要も強まった。いずれにせよ、経営権を不可侵のものとせず、労働者の権利の擁護と拡大を追求するという意味で、従来の産業民主主義の枠を超えるような、その新たな展開が見られるようになったのである。

例えば、労使協議制の枠内でも、企業内情報公開が進められたし、労働者または労働組合が企業の最高意思決定機関に代表権をもつ労働者重役制が制度化され、一連のヨーロッパ諸国に普及した。一部には、経営側の工場閉鎖などに対抗して労働者自主管理の動きも見られた。この後者への関心は、ユーゴスラヴィアの自主管理社会主義の実験や東欧でのソ連型社会主義への批判の動きによっても強められた。この時期、わが国にもこうした欧米の労働者参加の思想や制度が盛んに紹介され、「経営参加論ブーム」と言われるほどの現象を生んだが、わが国では多分に経営側のイニシアチブのもとで、こうした制度も生産性向上への労使協力のための意思疎通機関として受けとめられたこともあって、総じて革新の側の産業民主主義への対応は、否定的ないし消極的なものであったように思われる。

そして現在、産業民主主義への新たな関心が湧き起こっている。これは、一つには、言うまでもなく、ソ連型社会主義の崩壊とかかわっている。つまり、国有にもとづく社会主義のもとで、労働者は生産の主人公とはなりえず、党=国家官僚制の支配のもとで生産手段から疎外されていたことが明らかとなり、もし新しい社会主義を構想しうるとすれば、生産現場における権力関係の変革=労働者自主管理的関係の成立を不可欠のものとすることが認められるようになった。また社会民主主義の再評価とも関連して、経営参加を一面的に労働者の体制内包摂の手段として捉えるのではなく（もちろんその危険性はつねに存在するが）、共同参加も共同管理も、しだいに資本の経営権を侵食していく労働権拡大の階梯として位置づけ、人間らしい生き甲斐のある労働の確保、生産現場での基本的人権や人間的自由の実現をはかるという意味で、産業民主主義もまた広い意味での経済民主主義の重要な一環と捉えるべきことが改めて認識されるようになってきた。

同時に、今一つの要因としては、軽小短薄の新技術の登場や情報革命が大量生産時代の巨大企業体制を時代遅れのものとして、協同組合など「スモールビジネス」に新しい存在意義と可能性を与えるようになったことが挙げられる。ここでは最大限の利益よりも、むしろ社会的な使命や達成感が重視され、大企業におけるヒエラルキー的体制とは異る民主的な組織原理が実現されうる。とくに経済のサービス化の進展とともに重要となった福祉・医療・環境保全といった元来市場に馴染まない分野で、労働者や地域住民が自発的に結成する非営利組織の独自の活動領域が開かれている。また既存の大企業の労働者の人権を無視したリストラに対抗して、資本・所有・経営の一体的展開を目ざすワーカーズ・コープの運動も広がりつつある。これらの新しい企業形態においては、働く者が生産の主人公として、企業の重要な管理的決定に参加し、支配の論理ではなく連帯の論理にもとづいて、また労働者を犠牲にした利潤追求ではなく、労働者の人間としての生き甲斐を求めて、経済活動が行われているのである。

もちろん、企業内の労使関係の民主化や自主管理的企業の発展は、国民経済レベル（さらには世界経済レベル）での経済民主主義（著者の定義に従えば）によって補完されなければならない。労働者参加（管理）企業の活動が企業エゴに陥らないためには、消費者や地域住民によって監督される必要があろうし、基本的に市場経済にもとづくとはいえ、これらの企業間での活動の計画的調整や、民主的な国家や自治体による上からの規制も不可欠であろう。しかしこれまで、マクロ経済民主化や大企業への国家的規制の必要が叫ばれても、企業内の民主化にはともすれば警戒心が先立ち、労働者の管理参加の拡大や社会的経済の制度化への取り組みに大きな立ち遅れが見られたことは否めない。これは一部には、国家権力の奪取にもとづく上からの国家的規制や国有化によってすべての問題が解決されるとするソ連型社会主義のイデオロギーの影響によるものとも考えられる。いずれにせよ、一九世紀末に出現した産業民主主義の概念は、それから一世紀を経た現在、新鮮な響きをもって蘇ってきていると言えるのではなかろうか。

以上が、本書を一読して翻訳を思い立った訳者の問題関心である。

＊　＊　＊

ところで本書の特色は、まず第一に、企業レベルにおける民主主義としての産業民主主義の古今の理論と世界におけるその実践とを、コンパクトな形で一望している点にあると言えよう。これまで、ユーゴ型労働者自主管理企業の効率性にかかわる理論論争が紹介されたり、ドイツの共同決定法やスウェーデンの労働者投資基金、あるいはスペインのモンドラゴン協同組合群やアメリカの従業員持株制などについて、経営学や労働法学の分野で、個別的には詳しい研究や紹介がなされてきているが、労働者参加の初歩的形態から労働者自主管理や労働者所有にいたるまでの産業民主主義の多様な形態を、しかも理論と実践とを統合する視点から俯瞰した書物は、管見の限りではまだ数少ないように思われる。そして産業民主主義という点では、世界の水準がどこまで進んでおり、この分野で何が問題とされているかを知ることは、欧米に比べてのかなりの立ち遅れを指摘せざるをえないわが国の現状から、決して無益なことではないであろう。

もとよりこうした広範な研究は個人の力でなしうるものではなく、本書も、著者自身が述べているように、世界各国の研究者からの資料提供を受けてはじめて可能になったものである。しかしそれでも、一人の著者により単一の視角から、論理的一貫性をもって産業民主主義のさまざまな形態が位置づけられ、評価されていることは、多数の筆者がそれぞれの国の実情を紹介するといった、この種の書物に見られがちな羅列的な記述（それはそれで資料的価値はあるにせよ）を免れている点で、現代産業民主主義の入門的概説書として、本書に独自の存在意義を与えているのではないか思われる。この意味で、本書冒頭に置かれている産業民主主義の分類学は、多少煩瑣の感を免がれないとはいえ、著者の本書における分析枠組を明確にしたものと理解することができる。

本書の第二の特色は、右のこととも関連するが、従来企業における労働者参加と呼ばれてきた関係と、いわばこれとは別個に、むしろ大企業に対抗するものとして注目されるようになってきた労働者協同組合や非営利組織に見られる協同的関係とを、産業民主主義という観点から統一的に把握しようとしている点に見ることができる。社会的経済の重要性を認めつつも、これが直ちに大企業体制にとって代わるわけではなく、そこでは厳しい資本の専制支配が続けられているという現実をどのように変革するかという問題は残されており、これが国有化といった形では解決しえないことが明らかになった現在、大企業における経営参加や従業員持株制などを通じての経営の民主化は、労働者協同組合など民主的企業の運営と通底するものとして捉える必要があるように思われる。この点で著者は、労働権と所有権とにもとづく、所有・労働・管理の統合を、しかるべき支援組織とマクロレベルでの経済民主主義の存在のもとでの産業民主主義の最高の形態と位置づけた上で、労働権のみ、あるいは所有権のみにもとづく参加の諸形態のメリットと限界とを広い視野に立って考察しようとしている。こうした方法によって、一方では、資本の側からの労働者の取り込みと労働の側からの経営権への侵食との確執の中で展開される大企業における労使関係の民主化の課題が明らかにされると同時に、他方では、労働しない所有者や逆に所有しない労働者をも抱え込んだ協同組合の問題点もまた明確にされている。もとより著者のこうした立場には種々の異論もあろうが、いずれにせよ従来の経営参加論と社会的経済論とを橋渡しするような本書の問題提起は注目に値すると言えよう。

本書の第三の特色は、これが社会主義崩壊後のロシアの研究者によって書かれたことであろう。著者の立場は、旧ソ連では、人民の生産手段が党=国家官僚制によって簒奪され、労働者は国家的所有のもとで事実上それから疎外されていたとするものである。しかし体制転換の結果、労働者は所有を回復するどころか、今や実質的にも形式的にも所有から疎外されることになった。建て前としての人民の所有を資本主義的私有に転換するにさいしては、民営化における労働者への特典供与がいわば懐柔策として用いられたが、労働者のこうした所有は自主管理へと実体化されることはなく、社会主義時代の労働法の骨抜きも進んで、今やロシアは、産業民主主義の点では欧米に比べて最も立ち遅れた、古い権威主義的な労使関係が支配する国に引き戻されてしまったのである。著者はこうした厳しい状況の中で、残された法律制度に依拠しつつ、少なくとも西欧並みの労使パートナー関係の実現をはかろうと苦闘している。

従って著者の意図からすれば、体制転換後ロシアで成立した新しい労使関係の改革のためにこそ、経営参加の世界的経験を整理することが必要であったということなのであろう。この点、官僚主義的かつ温情主義的な企業内関係から古い権威主義的労使関係への急転換という、ロシアでの類例のない展開を反映した本書第Ⅲ部は、著者が力を入れているにもかかわらず、日本の読者には多少読みにくい面があるかもしれない。しかしロシアでいわゆる「改革派」によって資本主義化がどのような形で行われ、ロシアの労働者階級が現在どのような状態におかれているかということを知る上では、興味深い情報が盛り込まれている。また著者自身がロシアでの法制化に尽力している、第Ⅲ部第二章で示されている企業レベルでの民主化にかんする著者の提言は、たんにロシアだけにとどまらず、広く産業民主主義の徹底を労働者の立場に立ってはかっていく上で示唆に富むものと言えよう。

＊　＊　＊

次に、本書の訳語その他翻訳上の技術的なことがらについて、二、三お断りしておきたい。まず、原語で работник という語は、基本的に「労働者」に統一した。従って、наемный работник は「雇用労働者」とした。類似の語としては、роботополучатель の場合は「被用者」、персонал は「従業員」、трудящийся は「勤労者」としてある。逆に言えば、本訳書での「労働者」は、主に肉体労働者を意味する рабочий のことではなく、ホワイトカラーを含む広い意味での働き手 работник のことである。

本書で出てくる предприятие という語は、その上部組織としての фирма という語と対比的に用いられている場合には、前者を「事業所」、後者を「企業」と訳した。しかし単独で出てくる場合や、государственное предприятие（国有企業）のような場合には、「企業」とし、фирма の訳と区別されていない。

なお、原書には誤植あるいは誤記と見られる箇所が少なからず散見された。一部著者に問い合わせた箇所もあるが、明らかに誤りと見られるものは訳者の判断で訂正した。また引用文は、多言語にわたっていることもあり、直接原文に当ることができなかったため、ロシア語からの重訳となっている。この結果、とくに法律名、機関名など不適切な表現が残っているかも知れない。この点、読者諸賢のご海容を乞うとともに、ご教示を賜ることができれば幸いである。

最後に、私事にわたって恐縮であるが、本書の訳出は、訳者の東京外国語大学在職中の最後の仕事となった。しかし訳者自身としては、この訳業を何らかの到着点というよりは、新しい研究テーマと新たな研究生活に向けてのスタート台として位置づけたい。そしてこのような機会を与えて下さった日本経済評論社の栗原哲也社長と編集の宮野芳一氏に対し、心からの感謝の意を表したい。

二〇〇〇年一月

岡田　進

ральных аппаратов Государственного комитета Российской Федерации по управлению государственным нмуществом, Российского Фонде федерального имущества, Федерального управления по делам о несостоятельности (банкротстве) при Госкомимуществе России. М., 1996.（「ロシア連邦会計検査院. 国家資産管理ロシア連邦国家委員会，ロシア連邦資産基金，連邦破産管理局等中央機関の検査報告書」モスクワ，1996年）

## Ⅲ　邦語訳文献

[285]　A. ピグー（気賀健三ほか訳）『厚生経済学』（Ⅰ），東洋経済新報社，1952年

[286]　A. ピグー（気賀健三ほか訳）『厚生経済学』（Ⅱ），東洋経済新報社、1953年

[287]　W. ホワイト，K・ホワイト（佐藤誠ほか訳）『モンドラゴンの創造と展開』日本経済評論社，1991年

[288]　D. マクレガー（高橋達男訳）「企業の人間的側面』，産業能率短期大学出版部，1970年

[289]　A. マーシャル（馬場啓之助訳）『経済学原理』（Ⅱ），東洋経済新報社，1966年

[290]　J. S. ミル（末永茂喜訳）『経済学原理』（4），岩波文庫，1963年

Федерации 1997 года. Промежуточный вариант. М.: Торгово-промышленная Палата Российской Федерации. 1997. (「1997年度ロシア連邦商工会議所年次報告；中間案」モスクワ，1997年)

[280] Джонс Д.С. Воздействие участия работников в управлении и результатах экономической деятельности фирмы на производительность: обзор литературы и некоторые предварительные выводы для экономической политики и формирующихся рыночных экономиках. (доклад на конференции МОТ по проблемам перестройки профессиональной структуры занятости в Москве - Санкт-Петербурге, октябрь 1992). Брошюра, 1992. (D. ジョーンズ「企業の管理と経済活動の結果への労働者参加が生産性に与える影響：文献概要と経済政策および形成されつつある市場経済のための若干の暫定的結論（1992年10月モスクワ—サンクトペチルブルグでの雇用の職業構造の再編の諸問題にかんするILOの会議での報告)」パンフレット，1992年)

[281] Опыт приватизации в странах Восточной и Центральной Европы: материалы для чтения к семинару. - Под ред. Д. Белла и Дж. Симмонза. - Минск, Беларусь, 19-21 января 1998. (「東中欧諸国における民営化の経験：セミナー講義用資料」D. ベル，J. シモンズ編，ミンスク，1998年)

[282] Рудык Э. Производственная демократия (западный опыт и возможности его использования в России). Препринт доклада М.: Институт экономики РАН. 1992. (E. ルーディック「産業民主主義（西側の経験とロシアにおけるその利用の可能性)」報告，モスクワ，1992年)

[283] Социальные требования трудящихся к экономическим реформам. Доклад. М.: Международный фонд содействия социально-трудовым исследованиям, 1993. (「経済改革への勤労者の社会的要求」報告，モスクワ，1993年)

[284] Счетная палата Российской Федерации. Отчет о проверке цент-

[272] Рывкина Р. Переходное экономическое сознание в российском обществе. // Вопросы экономики. 1997. № 5. (R. ルイプキナ「ロシア社会における過渡的経済意識」『経済の諸問題』1997年, 第5号)

[273] Супян В. Собственность работников на американских предприятиях. // США - ЭПИ. 1991. № 5. (V. スーピャン「アメリカ企業における労働者所有」『アメリカ合衆国——経済・政治・イデオロギー』1991年, 第5号)

[274] Увалич М. Собственность работников: сравнение опыта Запада и Востока. // Политэконом-Politekonom. 1996. № 3. (M. ウヴァリッチ「労働者所有：東西の経験の比較」『ポリトエコノム』1996年, 第3号)

[275] Филиппов П. Собственники - крепостные? // Независимая газета. 1991. 13 ноября. (P. フィリッポフ「所有者は農奴か？」『独立新聞』1991年11月13日付)

[276] Флакиерски Х. Самоуправляющийся рыночный социализм как жизнеспособная альтернатива. // Альтернативы. (H. フラキエルスキ「展望のあるオルタナティヴとしての自主管理市場経済」『アリテェルナチーヴィ』

[277] Шик О. Самоуправление. // ЭКО. 1990. № 7. (O. シーク「自主管理」『エコ』1990年, 第7号

*　　　*　　　*

[278] Валитов Ш.М. Реформирование государственных промышленных предприятий в рыночные структурные формирования. Диссертация на соискание ученой степени доктора экономических наук. Специальность 08.00.05. - Экономика и управление народным хозяйством. Казань, 1997. (S. ヴァリトフ「市場構造形成における国有工業企業の改革」博士号請求論文, カザン, 1997年)

[279] Годовой доклад Торгово-промышленной Палаты Российской

[266] Рудык Э. Производственная демократия: значение западного опыта для СССР. // Проблемы теории и практики управления. 1991. № 5-6. (E. ルーディック「産業民主主義：ソ連にとっての西側の経験の意義」『管理の理論と実際の諸問題』1991年，第5－6号)

[267] Рудык Э. Западные прогнозы развития производственной демократии в СССР. // Вопросы экономики. 1990. № 12. (E. ルーディック「ソ連における産業民主主義の発展の西側の予測」『経済の諸問題』1990年，第12号)

[268] Рудык Э. Социал-реформистские концепции "экономики социализма". // Вопросы экономики. 1980. № 11. (E. ルーディック「〈社会主義経済〉の社会改良主義的概念」『経済の諸問題』1980年，第11号)

[269] Рудык Э., Ванек Я. Труд и демократия в переходный период к рыночной экономике: проблема выбора систем управления (в контексте России). // Альтернативы. 1993. вып. 3. (E. ルーディック，J. ヴァネック「市場経済への移行期における労働と民主主義：管理システム選択の問題（ロシアの文脈で）」『アリテェルナチーヴィ』1993年，第3号)

[270] Рудык Э., Вилинов И. Становление отношений социального-партнерства на уровне хозяйственной организации (аспекты собственности, управления и распределения результатов произдвоства). // Российский экономический журнал. 1997. № 10. (E. ルーディック，I. ヴィリノフ「経済組織レベルにおける社会的パートナーシップ関係の成立（所有，管理，生産結果の分配の諸側面）」『ロシア経済雑誌』1997年，第10号)

[271] Рудык Э., Керемецкий Я. Приватизация в России: Необходимость смены ориентиров. // Альтернативы. 1995. № 1. (E. ルーディック，J. ケレメツキー「ロシアにおける民営化：目標を替える必要性」『アリテェルナチーヴィ』1995年，第1号)

年，第4号）

[258] Приватизация и собственность работников. // Вопросы экономики. 1996. № 8.（「民営化と労働者所有」『経済の諸問題』1996年，第8号）

[259] Ракитская Г. Миф левых о Мондрагоне. // Альтернативы. 1996. № 2.（G. ラキツカヤ「モンドラゴンについての左翼の神話」『アリテェルナチーヴィ』1996年，第2号）

[260] Рудык Э. Российский вариант реформы собственности в экономиках переходного типа: результаты, сценарии, предложения. // Альтернативы. 1998. № 1.（E. ルーディック「移行型経済における所有改革のロシア的ヴァリアント：結果，シナリオ，提案」『アリテェルナチーヴィ』1998年，第1号）

[261] Рудык Э. Мировая тенденция - демократизация собственности. Государственной Думе предстоит рассмотреть результаты приватизации. // Независимая газета. 1996. 14 марта.（E. ルーディック「世界的傾向は所有の民主化．国家会議は民営化の結果を検討すべきだ」『独立新聞』1996年3月14日付）

[262] Рудык Э. Недостающая половина демократии. // Российская Федерация. 1994. № 4.（E. ルーディック「民主主義の欠けた片方」『ロシア連邦』1994年，第4号）

[263] Рудык Э. Труд и реформа предприятий. // Вопросы экономики. 1993. № 4.（E．ルーディック「労働と企業改革」『経済の諸問題』1993年，第4号）

[264] Рудык Э. Приватизация: варианты действий трудовых коллективов. // Вопросы экономики. 1993. № 12.（E. ルーディック「民営化：労働集団の行動のヴァリアント」『経済の諸問題』1993年，第12号）

[265] Рудык Э. О собственности работников без гнева и пристрастия. // Октябрь. 1992. № 9.（E. ルーディック「押圧や脅しなしの労働者所有について」『オクチャーブリ』1992年，第9号）

экономика и международные отношения. 1993. № 3.（J. ミード「アガソトピア：パートナーシップ経済」『世界経済と国際関係』1993年，第3号）

[251] Независимая. газета 1995. 21 января.（『独立新聞』1995年1月21日付）

[252] Неклеушев Е. На бунт напрашивается то государство...// Новое русское слово: Нью-Йорк. 1991. 23 сентября.（E. ネクレウシェフ「こんな国家が暴動を招く……」『ノーヴォエ・ルースコエ・スローヴォ』ニューヨーク，1991年9月23日付）

[253] Никитинский В., Коршунова Т. Правовое регулирование трудовых отношений работающих собственников. // Государство и право. 1992. № 6.（V. ニキチンスキー，T. コルシュノーヴァ「勤労所有者の労働関係の法的規則」『国家と法』1992年，第6号）

[254] Песчанский В. Промышленные отношения в России: к демократизации или авторитарности? // Мировая экономика и международные отношения. 1997. № 3.（V. ペスチャンスキー「ロシアにおける産業関係：民主主義へか，権威体制へか」『世界経済と国際関係』1997年，第3号）

[255] Попов В. Утопия или реальность XX1 века. // Мировая экономика и международные отношения. 1992. № 3.（V. ポポフ「ユートピアか21世紀の現実か」『世界経済と国際関係』1992年，第3号）

[256] Попов В. Нетерпение ума, или “зачем мы морочим голову словом “социалистический”. // Российский экономическпй журнал. 1993. № 3.（V. ポポフ「知の焦燥，あるいは〈なぜわれわれは社会主義的という言葉によって人を軽蔑するのか〉」『ロシア経済雑誌』1993年，第3号）

[257] Последствия приватизации в России. // Солидарность. 1996. № 4.（「ロシアにおける民営化の結果」『ソリダルノスチ』1996

[244] Кошкин В. Труд и капитал, обьединяйтесь! Российские реформы описаны еше Карлом Марксом. // Независимая газета 1996. 30 явваря. (V. コーシキン「労働と資本、団結せよ！ ロシアの改革はすでにカール・マハクスによって描かれている」『独立新聞』1996年，1月30日付)

[245] Колганов А., Маляров О., Рудык Э. Каков потенциал системы Чартаева? // Альтернативы. 1996 .№ 2. (A. コルガーノフ，O. マリャローフ，E. ルーディック「チェルターエフ・システムにどんな潜在力があるか」『アリテェルナチーヴィ』1996年，第2号)

[246] Кошкин В., Керемецкий Я. Приватизационный процесс и двухфакторная модель российской экономики. // Российский экономичсский журнал. 1996. № 2. (V. コーシキン，J. ケレメツキー「民営化過程とロシア経済の二要因モデル」『ロシア経済雑誌』1996年，第2号)

[247] Куликов В. Российская приватизация в шестилетней ретроспективе. // Российский экономический журнал. 1998. № 1. (V. クリコフ「6年を回顧したロシアの民営化」『ロシア経済雑誌』1998年，第1号)

[248] Лог Дж. Коллективная собственность работников (обзор американского опыта). // США - ЭПИ. 1991. № 10. (J. ローグ「労働者の集団所有（アメリカの経験の概観)」「アメリカ合衆国――経済・政治・イデオロギー』1991年，第10号)

[249] Мелентьев А. О версии "кооперативного социализма", не только о ней (в порядке субьективной реакции на статью В. Попова). // Российский экономический журнал. 1993. № 3. (A. メレンチエフ「〈協同組合社会主義〉のバージョンについて、それだけでなく（V. ポポフ論文への主観的反応の形で)」『ロシア経済雑誌』1993年，第3号)

[250] Мид Дж. Агатотопия: экономика партнерства. // Мировая

グリシン「社会発展のスウェーデン・モデル」『世界経済と国際関係』1991年，第4号）

[238] Дискуссия о социалистической рыночной экономике. // Вопросы экономики. 1990. № 7. 「社会主義市場経済についての討論」『経済の諸問題』1990年，第7号）

[239] Иванов А. Кооперативы и экономика участия: острова социализма в океане капитализма? // Альтернативы. 1995. № 4. （A. イワノフ「協同組合と参加経済：資本主義の海の中の社会主義の島か？」『アリテェルナチーヴィ』1995年，第4号）

[240] Заславская Т. Человек в реформируемом российском обществе. // Российский социально-политический вестник. 1996. №№ 1-2. （T. ザスラフスカヤ「改革されるロシア社会における人間」『ロシア社会経済紀要』1996年，第1－2号）

[241] Керемецкий Я., Лисичкин В., Рудык Э. Труд и демократия производстве (экономико-правовой аспект). // Вопросы экономики. 1995. № 6. （J. ケレメツキー，V. リシーチキン，E. ルーディック「生産における労働と民主主義（経済的=法的側面）」『経済の諸問題』1995年，第6号）

[242] Керемецкий Я., Рудык Э. Развитие нетрадиционной экономики в США и российские реформы. К вопросу о концепции “третьего пути” в экономике. // США - ЭПИ. 1995. № 5. （J. ケレメツキー，E. ルーディック「アメリカにおける非伝統的経済の発展とロシアの改革．経済における第三の道の構想の問題によせて」『アメリカ合衆国——経済・政治・イデオロギー』1995年，第5号）

[243] Керемецкий Я., Рудык Э., Тихонов В. Здоровое зерно коллективизма. В 70 странах мира принимаются меры по демократизации собственности. // Независимая газета. 1994. 3 ноября. （J. ケレメツキー，E. ルーディック，V. チーホノフ「集団主義の健全な萌芽．世界70か国で所有の民主化の措置がとられている」『独立新聞』1994年11月3日付）

России. // Инвест - Курьер. 1997. ноябрь. (S. ベリャーエフ，V. コーシキン，E. ルーディック，S. シュルス「ロシアにおける所有関係の改革と企業活動の発展」『インベスト・クリエール』1997年11月)

[231] Бойко А. Директор на распутье. // Экономика и жизнь. 1993. № 13. (A. ボイコ「岐路に立つ企業長」『経済と生活』1993年，第13号)

[232] Браверман А. Зачем трудовому коллективу быть собственником? // Независимая газета. 1992. 3 июля. (A. ブラヴェルマン「なんで労働集団は所有者になるべきなのか」『独立新聞』1992年7月3日付)

[233] Ваганов А. Смертные грехи-фактор риска. Духовные причины демографической катастрофы. // Независимая газета. 1995. 24 мая. (A. ヴァガーノフ「致命的過ち――リスク要因・人口学的カタストロフの精神的原因」『独立新聞』1995年5月24日付)

[234] Ванек Я. План и рынок: потребность в экономической демократии. // Альтернативы. 1997. № 3. (J. ヴァネック「計画と市場．経済民主主義の必要性」『アリテェルナチーヴィ』1997年，第3号)

[235] Гейтс Дж. Американские программы акционирования работников: политические, правовые и налоговые аспекты. // США - ЭПИ 1992. № 9. (J. ゲイツ「アメリカの労働者株式化プログラム：政治的・法的・租税的側面」『アメリカ合衆国――経済・政治・イデオロギー』1992年，第9号)

[236] Гордон Л. Россия: рабочее движение в переходном обществе. // Мировая экономика и международные отношения. 1995. № 11. (L. ゴルドン「ロシア：移行社会における労働運動」『世界経済と国際関係』1995年，第11号)

[237] Гришин И. Шведская модель общественного развития. // Мировая экономика и международные отношения. 1991. № 4. (I.

Синтез, 1997. (S. シェクシニャ『現代組織の職員管理．教科・方法論　参考書』モスクワ，1997年)

[224] Шмален Г. Основы и проблемы экономики предприятия. Перевод с немецкого М.: Финансы и статистика, 1996. (G. シュマーレン『企業経済の基礎と諸問題』，ドイツ語からの翻訳，モスクワ，1996年)

[225] "Экономические чудеса": уроки для России. М.: Институт экономики РАН, 1994. (『「経済的奇蹟」：ロシアにとっての教訓』モスクワ，1994年)

*　　　　*　　　　*

[226] Абова Т. Собственность работников - кому все-таки она принадлежит. // Реформа. 1993. № 22. (T. アボヴァ「労働者の所有――結局だれに属するか」『改革』1993年第22号)

[227] Аврамова Е., Гуров И., Булычкина Т. Приватизация как социально-экономический феномен. // Общественные науки и современность. 1995. № 6. (E. アブラーモヴァ，I. グーロフ，T. ブルィチキナ「社会経済現象としての民営化」『社会科学と現代』1995年，第6号)

[228] Антосенков Е., Петров О. Мониторинг социально-трудовой сферы. // Экономист . 1998. № 4. (E. アントセンコフ，O. ペトローフ「社会労働面のモニタリング」『エコノミスト』1998年，第4号

[229] Афанасьев М., Кузнецов П., Фоминых А. Корпоративное управление глазами директората (по материалам обследований 1994 - 1996 гг.) // Вопросы экономики. 1997. № 5. (M. アファナーシエフ，P. クズネツォーフ，A. フォミヌィフ「企業者層の眼で見たコーポレート・カヴァナンス (1994－96年調査の資料)」『経済の諸問題』1997年，第5号)

[230] Беляев С., Кошкин В., Рудык Э., Шулус А. Реформирование отношений собственности и развитие предпринимательства в

義の経済制度：企業，市場，「縁故的」採用契約制度』，英語からの翻訳，サンクト・ペテルブルグ，1996年）

[218] Уэбб С. и Б. Упадок капиталистической цивилизации. Перевод с английского. Ленинград, 1924.（S. & B. ウェッブ『資本主義的文明の没落』英語からの翻訳，レニングラード，1929年）

[219] Фабрициус Ф. Права человека и европейская политика. Политико=правовое положение трудящихся в Европейском Сообществе. М.: Изд-во Московского университета, 1995.（F. ファブリツィウス『人権とヨーロッパ政治．ヨーロッパ共同体における勤労者の政治的=法的状態』モスクワ，1995年）

[220] Федоров С., Славин Б. Только свободный труд спасет Россию. Какая общенациональная идея нам нужна. Сборник статей. М.: Академия самоуправления, 1997.（S. フョードロフ，B. スラーヴィン『自由な労働だけがロシアを救う．どんな全国民的思想がわれわれに必要か』（論文集），モスクワ，1997年）

[221] Франкуэза Р., Самаранч Е. Самоуправление и коллективная собственность в Испании. В кн.: На пути к экономической демократии. Международный опыт. Под ред. Бузгалина. А.В., Кн. 1. М.: Экономическая демократия, 1994.（R. フランクエザ，E. サマランチ「スペインにおける自主管理と集団的所有」『経済民主主義への道．国際的経験』A．ブズガーリン編，第１冊所収，モスクワ，1994年）

[222] Хоффер Ф. Профсоюзы и советы предприятпй. Представительство интересов наемны работников в условиях социальной рыночной экономики Германии. М.: Фонд Фридриха Эберта, 1993.（F. ホッファー『労働組合と経営協議会．ドイツの社会的市場経済のもとでの雇用労働者の利益の代表制』モスクワ，1993年）

[223] Шекшня С.В. Управление персоналом современной организации. Учебно-методическое пособие. - М.: ЗАО Бизнес Школа Интел-

際，導入の諸問題』所収，モスクワ，1992年）

[211] Рудык Э., Уваров В. Экономические основы демократического социализма. В кн. : Буржуазные и мелкобуржуазные экономические теории социализма (после второй мировой войны). Критические очерки. Отв. Ред. Жуков В.Н. М.: Наука, 1978. (E. ルーディック， V. ウヴァーロフ「民主社会主義の経済的基礎」『ブルジョア的・小ブルジョア的社会主義（第2次大戦後）．批判的概説』 V. ジューコフ編，所収，モスクワ，1979年）

[212] Самари К. План, рынок, демократия. Опыт так называемых “социалистических” стран. Перевод с французского М.: Экономическая, 1992. (C. サマリ『計画，市場，民主主義——いわゆる「社会主義」諸国の経験』，フランス語からの翻訳，モスクワ，1992年）

[213] Симмонс Дж., Мэрс У. Как стать собственником. Американский опыт участия работников в собственнности и управлении. Перевод с англиийского М.: Аргументы и факты, 1993. (J. シモンズ， W. マース『どのようにして所有者になるか：所有と管理への労働者参加のアメリカの経験』，英語からの翻訳，モスクワ，1993年）

[214] Тихомиров Ю. Курс сравнительного правоведения. М.: Норма, 1996. (U. チホミーロフ『比較法講義』モスクワ，1996年）

[215] Трудовое право Франции. Сборник нормативных актов. М.: Университет дружбы народов, 1985. (『フランス労働法；法令集』モスクワ，1985年）

[216] Туган-Барановский М.И.. Социальные основы кооперации.: Экономика, 1989. (M. トゥガンーバラノフスキー『協同組合の社会的基礎』モスクワ，1989年）

[217] Уильямсон О.И. Экономические институты капитализма. Фирмы, рынки, “отношенческая” контрактация. Перевод с английского Санкт-Петербург, Лениздат, 1996. (O. ウィリアムソン『資本主

предпринимателей России, Институт государства и права РАН, 1996.（『21世紀を前にしたロシアの生産協同組合；資料集」第2巻，モスクワ，1996年）

[204] Прудон П. Ж. Что такое собственность? М.: Республика, 1998.（P. プルードン『所有とは何か？』モスクワ，1998年）

[205] Российские предприятия: процесс адаптации. М.: Российский союз промышленников и предпринимателей. Экспертный инст-итуг, 1993.（『ロシアの企業：適応の過程』モスクワ，1993年）

[206] Рудык Э. Экономическая демократия. В кн.: Управление государственной собственностью (учебник). Под ред. Кошкина В.И., Шупыро В.М. М.: ИНФРА-М, 1997.（E. ルーディック「経済民主主義）『国家的所有の管理（教科書）』V. コーシキン，V. シュプィロ編，所収，モスクワ，1997年）

[207] Рудык Э. О демократизации собственности в России. М.: Академия самоуправления, 1997.（E. ルーディック『ロシアにおける所有の民主化について』モスクワ，1997年）

[208] Рудык Э. Приватизация: варианты действий трудовых коллективов. - в сб.: Социальные аспекты реформ в России. М.: Фонд им. Ф. Эберта, 1993.（E. ルーディック「民営化：労働集団の機能のヴァリアント」論文集『ロシアにおける改革の社会的側面』所収，モスクワ，1993年）

[209] Рудык Э. Трудящийся в управлении производством - творец ли робот? М.: Наука, 1987.（E. ルーディック『生産管理における勤労者—ロボットは創造者か？』モスクワ，1987年）

[210] Рудык Э., Ванек Я. Труд и демократия в период постперестройки: проблемы выбора систем управления. В сб .: Производственная демократия: теория, практика и проблемы внедрения, М.: Институт экономики РАН, 1992.（E. ルーディック，J. ヴァネック「ポストペレストロイカ期における労働と民主主義：管理システム選択の諸問題」論文集『産業民主主義：理論，実

[194] Можаев В. Как работают профсоюзы за рубежом. М.: Научный-центр профсоюзов, 1993.（V. モジャーエフ『外国では労働組合はどのように活動しているか』モスクワ，1993年）

[195] От плана к рынку. Отчет Всемирного банка о мировом развитии. Вашинггон, 1996.（『計画から市場へ：世界発展にかんする世界銀行の報告』ワシントン，1996年）

[196] Оучи У. Методы организации производства. Теоry Z Японский и американский подходы. Перевод с английского М.: Экономика, 1984.（W. オーウチ『生産組織の方法：Z 理論　日本とアメリカのアプローチ』，英語からの翻訳，モスクワ，1984年）

[197] Переход к рынку : борьба мнений. М.: Наука, 1993.（『市場への移行：論争』モスクワ，1993年）

[198] Питерс Т., Уотермен Р. В поисках зффективого управления (опыт лучших компаний). Перевод с английского М,: Прогресс, 1986.（T. ピータース、R．ヨーテルマン『効率的管理を求めて（最良の会社の経験）』，英語からの翻訳，1986年）

[199] Платонов О. Экономика русской цивилизации. М,: Родник, 1995.（O. プラトーノフ『ロシア文明の経済学』モスクワ，1995年）

[200] Платонов О.А. Повышение качества трудовой жизни: опыт США. М: Рада, 1992.（O. プラトーノフ『労働生活の質の向上：アメリカの経験』モスクワ，1992年）

[201] Привлечение каитала. М.: Джон Уайли знд Санз, 1995.（『資本誘致』モスクワ，1995年）

[202] Производственные кооперативы в России на пороге XX1 века. Сборник материалов. Т.1. М.: Лига кооператоров и предпринимателей России, Институт государства и права РАН, 1996.（『21世紀を前にしたロシアの生産協同組合；資料集』第 1 巻，モスクワ，1996年）

[203] Производственные кооперативы в России на пороге XX1 века. Сборник материалов. Т.2. М.: Лига кооператоров и

М.: Экономика, 1994.（V. クリコフ『社会の民主主義の経済的条件』モスクワ，1994年）

[187] Ле Галль Ж. -М. Управление людскими ресурсами. Перевод с французского М.: Конкорд, 1995.（J. ルガール『人的資源の管理』，フランス語からの翻訳，モスクワ，1995年）

[188] Лемешев М. Возродится ли Россия? Экономико-политический анализ и опыт нравственного исследования. М., 1994.（M. レメシェフ『ロシアは復興するか？　経済・政治分析と精神研究の試み』モスクワ，1994年）

[189] Лоуг Дж. Собственность работников в условиях рыночной экономики: уроки американского опыта. - В кн.: Преобразование предприятий. Американский опыт и российская действительность. Под ред. Дж. Лоуга, С. Плеханова, Дж. Симмонса. М.: Вече, Персей, 1997.（J. ローグ「市場経済のもとでの労働者所有：アメリカの経験の教訓」『企業改革：アメリカの経験とロシアの実際』所収，J. ローグ，S. プレハーノフ，J. シモンズ編，モスクワ，1997年）

[190] Макмиллан Ч. Японская промышленная система. Перевод с английского М.: Прогресс, 1988.（C. マクミラン『日本の産業システム』，英語からの翻訳，モスクワ，1998年）

[191] Маркович Д. Социология труда. Перевод с сербско-хорватского М.: Прогресс, 1988.（D. マルコヴィチ『労働社会学』，セルボ＝クロアチア語からの翻訳，モスクワ，1988年）

[192] Мелман С. Прибыли без производства. Перевод с английского М.: Прогресс, 1987.（S. メルマン『生産なき利潤』，英語からの翻訳，モスクワ，1987年）

[193] Милибенд Р. Парламентский социализм. Исследование политики лейбористской партии. Перевод с английского М.: Прогресс, 1964.（R. ミリバンド『議会制社会主義：労働党の政策の研究』，英語からの翻訳，モスクワ，1964年）

[178] Келсо Л.О., Келсо П,Х. Демократия и экономическая власть (К демократическому капитализму через акционирование и приватизацию). Перевод с английского М.: Знание, 1993. (L. ケルソ, P. ケルソ『民主主義と経済権力（株式化と民営化を通じての民主的資本主義）』，英語からの翻訳，モスクワ，1993年）

[179] Киллен К. Вопросы управления. Перевод с английского М.: Экономика, 1981. (C. キーレン『管理の諸問題』，英語からの翻訳，モスクワ，1981年）

[180] Колганов А. Самоуправление за рубежом: опыт ESOP и Мондрагонских кооперативов. М.: Академия самоуправления., 1997. (A. コルガノフ『外国における自主管理：ESOP とモンドラゴン協同組合の経験』モスクワ，1997年）

[181] Колганов А.И. Коллективная собственность и коллективное предпринимательство. М.: Экономическая демократия., 1993. (A. コルガーノフ『集団所有と集団企業』モスクワ，1993年）

[182] Конарева Л.А."Кружки качества" на предприятиях США и Японии. М.: ИСКАН, 1986. (L. コナリョーヴァ『アメリカと日本の企業における「品質管理サークル」』モスクワ，1986年）

[183] Корнаи Я. Путь к свободной экономике. Страстное слово в защиту экономических преобразований. Перевод с английского М.: Экономика, 1990. (J. コルナイ『自由経済への道、経済改革を擁護する熱烈な言葉』，英語からの翻訳，モスクワ，1990 年）

[184] Кравчик Р. Распад и возрождение польской экономики. Перевод с польского. М.: Новости, 1991. (R. クラヴチク『ポーランド経済の崩壊と再生』，ポーランド語からの翻訳，モスクワ，1991年）

[185] Ламперт Х, Социальная рыночная экономика. Германский путь. Перевод с немецкого М.: Дело, 1993. (H. ランペルト『社会的市場経済：ドイツの道』，ドイツ語からの翻訳，モスクワ，1993年）

[186] Куликов В. В. Экономические условия демократии общества.

[171] Гончаров В.В. В поисках совершенства управления: руководство для высшего управленческого персонала. Опыт лучших промышленных фирм США, Японии и стран Западной Европы. Т. 2 М.: МНИИПУ, 1996.（V. ゴンチャロフ『管理の改善を求めて：高級管理者のための手引き——アメリカ，日本，西欧諸国の工業企業の最良の経験』第2巻，モスクワ，1996年）

[172] Гулыга А. Русская идея и ее творцы. М.: Товарищество “Соратник”, 1995.（A. グルイガ『ロシア思想とその創造者たち』モスクワ，1995年）

[173] Даль Р.А. Введение в экономическую демократию. Пер. с английского М.: Наука СП “ИКПА”, 1991.（R. ダール『経済民主主義序説』，英語からの翻訳，モスクワ，1991年）

[174] Датские кооперативы. Оденсе: Издательство Ассоциации датских кооперативных обществ и Сельскохозяйственного Совета Дании, 1993.（『デンマークの協同組合』オデンセ，1993年）

[175] Завьялова Г.Б. Трудящиеся как участники управленпя производством. В кн: Экономический рост и хозяйственно-политический механизм капитализма. Под ред. Климова Н.А. М,: Институт экономики АН СССР, 1987.（G. ザヴィアーロヴァ「生産管理の参加者としての勤労者」『経済成長と資本主義の経済・政治メカニズム』，N. クリモフ編，所収，モスクワ，1987年）

[176] Исправников В.О., Куликов В.В. Теневая экономика России:иной путь и третья сила. М.: Российский экономический журнал, Фонд “За экономическую грамотность”., 1997.（V. イスプラーヴニコフ，V. クリコフ『ロシアのヤミ経済：もう一つの道と第三の勢力』モスクワ，1997年）

[177] Кауппинен Т. Трудовые отношения в Финляндии. Хельсинки: Министерство труда Финляндии, 1997.（T. カウピネン『フィンランドにおける労働関係』ヘルシンキ，1997年）

[165] Боумен Э., Стоун Б. Рабочая собственность (Мондрагонская модель): ловушка или путь в будущее? Первод с английского М.: Экономическая демократия, 1994. (E. ボーメン，B. ストーン『労働者所有（モンドラゴン・モデル）：ワナかそれとも未来への道か？』，英語からの翻訳，モスクワ，1994年)

[166] Блази Дж. Р., Круз Д.Л. Новые собственники. Наемные работники-массовые собственники акционерных компаний. Перевод с английского М.: Экономика, 1995. (J. ブラジ，D. クルーズ『新しい所有者：雇用労働者――株式会社の大衆的所有者』，英語からの翻訳，モスクワ，1995年)

[167] Бузгалин А.В. Самоуправление в экономике: теоретическая модель и практические перспектиы. В кн.: На пути к экономической демократии. Международный опыт. Под ред. Бузгалина. А.В. Кн. 1.М.: Экономическая демократия,1994. (A. ブズガーリン「経済における自主管理：理論モデルと実際的展望」『経済民主主義への道．国際的経験』，A. ブズガーリン編第1冊所収，モスクワ，1994年)

[168] Ванек Я. К стратегии политической и экономической демократии в России. Перевод с английского М.: Школа трудовой демократии, 1994. (J. ヴァネック『ロシアにおける政治的・経済的民主主義の戦略によせて』，英語からの翻訳，1994年)

[169] Веббь С. Социализм в Англии. Сборник статей.Перевод с английского. Петроград, 1918. (S. ウエッブ『イギリスにおける社会主義，論集』，英語からの翻訳，ペトログラード，1918年)

[170] Гончаров В. В. В поисках совершенства управления: руководство для высшего управленческого персонала. Опыт лучших промышленных фирм США, Японии и стран Западной Европы. Т. 1 М.: МНИИПУ, 1996. (V. ゴンチャロフ『管理の改善を求めて：高級管理者のための手引き――アメリカ，日本，西欧諸国の工業企業の最良の経験』第1巻，モスクワ，1996年)

[157] Программа Правительства Российской Федерации "Реформы и развитие российской экономики в 1995-1997 годах".// Вопросы экономики 1995. № 4. (ロシア連邦政府プログラム：改革と1995－1997年のロシア経済の発展「経済の諸問題」1995年，第４号)

[158] Меморандум Правительства России. // Независимая газета 1992. 3 марта. (ロシア政府のメモランダム『独立新聞』1992年３月３日付)

*　　　　　*　　　　　*

[159] Барр Р Политическая экономия. Т 1. Перевод с французского. М.: Международные отношения, 1995. (R. バール『経済学』第１巻，フランス語からの翻訳，モスクワ，1995年)

[160] Белл Д. Вовлечение ваших работников в бизнес. Руководство по собственности работников для компаний малого бизнеса. Перевод с английского - Воронеж: Тип Теймс ЭНВО, 1994. (D. ベル『あなたの労働者のビジネスへの引入れ：小企業のための労働者所有の手引き』，英語からの翻訳，ボロネジ，1994年)

[161] Бер М. История социализма в Англии. Перевод с английского. Ленинград, 1924. (M. ベア『イギリス社会主義史』，英語からの翻訳，レニングラード，1924年)

[162] Бердяев Н. А. Истоки и смысл русского коммунизма. М.: Наука, 1990. (N. A. ベルジャーエフ『ロシア共産主義の起源と意味』，モスクワ，1990年)

[163] Бернар И., Колли Ж. -К. Толковый экономический и финансовый словарь. Т. 1. Перевод с французского М.: Международные отношения, 1994. (I. ベルナール，J. コリー『詳解経済財政辞典』第２巻，フランス語からの翻訳，モスクワ，1994年)

[164] Бернар И., Колли Ж. -К. Толковый экономический и финансовый словарь. Т. 2. Перевод с французского - М.: Экономические отношения, 1994. (I. ベルナール，J. コリー『詳解経済財政辞典』第２巻，フランス語からの翻訳，モスクワ，1994年)

European Cooperative Strategy. Manuscript. 1991.

[149] Monroe M. C. Economic Democracy, Self-Management and Crisis Resolution in American Low-Income Communities.Theory to Practice. Disseration (Ph. D. ). Graduate School of Cornell University, 1988.

[150] Moye M. A. (University of Notre Dame, Paris) Mondragon facing 1993: New Strategies for Limiting Risk. Manuscript. 1993.

[151] Prychitko D. L. The political Economy of Workers' Self-Management: A Market Process Critique. Disseration (Ph. D.). George Mason Univ., Virginia, 1988.

[152] Rock Ch. P. Economic Democracy and Sweden: Economic Thought, Institutional Theory and Historical Practice in a Mixed Capitalist System. Dissertation (Ph. D.). Cornell University, 1987.

[153] Rosner M. (Haifa University, Israel). The Search for a Good Society in a Market Economy. The Kibbutz Experience. Manuscript, 1991.

[154] Vangham-Whitehead D. Workers Financial Participation in an East-West Comparative Perspective. Moscow (Moscow International Symposium "The Man in the Socio-Economic System"), 1992.

[155] Weisskopf Th. E. (University of Michigan, USA). Democratic Self-Management: An Alternative Approach to Economic Transformation in the Former Soviet Union. Manuscript, August 1992.

## II **露語文献**（公式文書，著書，雑誌論文，報告・手稿）

[156] **Программа углубления экономических реформ Правительства Российской Федерации (проект). Представлен депутатам Верховного Совета Российской Федерации на совместном заседании 3 июля 1992г.** （ロシア連邦政府経済改革深化プログラム（草案）1992年7月3日合同会議でロシア連邦最高会議代議員に提出）

1983. N 14.

[137] Smith St. C. On the Law and Economics of Employee Ownership in Privatization in Developing and Transition Economies. // Annals of Public and Cooperative Economics. Vol. 65. 1994. N 3.

[138] Socialism and Democracy, N. Y. 1991. Summer.

[139] Special Report "How well is Employee Ownership Working? // The Harvard Business Review. 1987. September/October.

[140] Thill E. Autonomie ou controle dans les organisations. Une analyse integrative de théories de la motivation. // Le travail humain. Vol. 54. 1991. No 2.

[141] Vanek J. Towards a Strategy of Democracy, Political and Economic, in Russia. // Human Systems Management. 1993. No 12(4).

[142] Ward B. The Firm in Illyria: Market Syndicalism. // American Economic Review. XLVIII (4). 1958. September.

[143] Watanabe S. The Japanese quality control: Why it works. // International Labour Review. 1991. N 1.

* * *

[144] Gunn Ch (Hobart and William Smith Colleges, Geneva, New York, USA). Workers' Control: Conceptual and Practical Considerations. Manuscript, 1988.

[145] Hansen G. R. (Utah State University, USA). Using Cooperative Entrepreneurship for Job and Enterprise Creation in Developing Countries and Eastern Europe. Manuscript. 1992.

[146] Jones D. C. and Pliskin J. The Productive Efficiency of Italian Cooperatives: Evidence from Conventional Firms. Manuscript. June 1994.

[147] Jones D. C. and Pliskin J. The Effects of Worker Participation, Employee Ownership and Profit Sharing on Economic Performance: A Partial Review. Manuscript. October 1988.

[148] Lucas A. (Universidad Complutense, Madrid). Mondragon a New

[124] Jung V. Perspektiven der Mitbestimmung. // Die Neue Gesellschaft 1985. No 3.

[125] INFES. Revista de Economia Socal. 1993. No 1.

[126] Krimerman L. and Lindenfeld F. Contemporary Workplace Democracy in the United States: Taking Stock of an Emerging Movement. // Socialism and democracy. 1990. N 11.

[127] Krulic J. D'une autogestion a l'autre: Paris-Belgrade 1948-1985. // Pouvoirs. 1990. No 52.

[128] Lepers Ph. La reforme de la participation financière des salaries aux resultats et au capital de leur entreprise. // Problémes économiques. 1988. 16 mars. No 2 066.

[129] Meade J. E. Can we learn a "Third Way" from the Agathotopians? // The Royal Bank of Scotland Review. 1990. September.

[130] Meade J. E. The Theory of Labour-Managed Firms and of Profit Sharing. // Economic Journal. Vol. 82. 1972. March.

[131] Olson D. G. Union Experiences with Worker Ownership: Legal and Practical Issues Raised by ESOPs, TRASORs, Stock Purchases and Cooperatives. // Wisconsin Law Review. 1982. No 5.

[132] Open-book Management and corporate Performance. // Employee ownership Report. Vol. XVIII. 1998. N 1. January/February.

[133] Rock Ch. The Development of Collective Wage Earners' Investment Funds in Sweden: A piece of an economic democracy strategy. // Mondes en developpement. Tome 16. 1988. No 61.

[134] Rudyk E. The Western Experience of Industrial Democracy and Its Significance for the USSR. // Problems of Economics, N. Y. 1992. N 9.

[135] Rudyk. E and J. Vanek. Labour and Democracy in the Transition to a Market Economy: A New System of Management in the Russian Context. // Alternatives. 1993. N 1.

[136] Simonet Les cercles de qualité: pour quoi faire? // Autogestions.

Journal of Economic Issues. Vol. XVII. 1984. September.
[112] Employee Ownership. Developments in Eastern Europe and Russia// Employee Ownership Report. Vol. XIV. 1994. No 4.
[113] Estrin S., Some Reflections on Self-Management, Social Choice, and Reform in Eastern Europe. // Journal of Comparative Economics. Vol. 15. 1990. N 2.
[114] Estrin S., and Jones D. C. The Viability of Employee-Owned Firms: Evidence from France. // Industrial and Labor Relation Review. Vol. 45. 1992. N 2.
[115] Estrin S. and Jones D. C. and Svejnar J. The Productivity Effects of Worker Participation: Producer Cooperatives in Western Economies. // Journal of Comparative Economics. 1987. N 11.
[116] Furuboton E. G. and Pejovich S. Property Rights and the Behavior of the Firm in a Socialist State: The Example of Yugoslavia. // Zeitschrift fur Nationalokonomie, 1970. N 3-4.
[117] Gates J. R. Global Applications of Employee Ownership. // The Journal of Employee Ownership. Law and Finance. 1995. Fall.
[118] Hammer H. Worker Participation on Boards of Directors. // Workplace Topics. Vol. 2. 1991. No 1. July.
[119] Horvat B. Requiem for the Yugoslav Economy. // Dissent. 1993. Summer.
[120] Horvat B. Les caprices de l'economie. // Peuples Mediterraneens. 1992. No 61.
[121] Jensen M. C. and Mecling W. H. Rights and Production Functions: An Application to Labor-Managed Firms and Codetermination. // Journal of Business. Vol. 52. 1979. N 4. October.
[122] Jones D. C. Alternative Sharing Arrangements: a Review of the Evidence of Their Effects and Some Policy Implications for the US. // Economic and Industrial Democracy. Vol. 8. 1987. No 4.
[123] Journal Officiel de la Republique Francaise. Lois. 1982. 29 octobre.

Journal of Employee Ownership. Law and Finance. 1995. Fall.
[100] Bonin J. P., Jones D. C. and Putterman L. Theoretical and Empirical Studies of Producer Cooperatives: Will Ever the Twain Meet? // Journal of Economic Literature. Vol. XXXI. 1993. September.
[101] Baumgartner Th. Planing and Self-Management. // Autogestion et socialisme. 1978. NN 41-42.
[102] Cable J. R. and FitzRoy F. R., Productive Efficiency. Incentives and Employee Participation: Some Preliminary Results for West Germany. // Kyklos, 1980. 33 Fasc. 1.
[103] Corpet O. Cogestion et capitalisme : Bilan, critique et perpective de la cogestion en Allemagne Federal. // Autogestion et socialisme. 1975. N 30-31.
[104] Die Mitbestimmung. Специальный выпуск журнала Фонда Ханса Беклера на русском языке. М.: 1995.
[105] Die Mitbestimmung Europe. 1992. Special.
[106] Daigre. La participation des salaries a la géstion: evolution historique et rapports recents. // Problèmes économiques. 1987. 4 novembre N 2047.
[107] Dickstein C. The Promise and Problems of Worker Cooperatives. // Jornal of Planning Literature. Vol. 6, 1991. No 1.
[108] Domer E. D. The Soviet Collective Firm as Producer Cooperative. // American Economic Review. LVI (4). 1966. September.
[109] Doucouliagos Ch. Worker Partipation and Productivity in Labor-Managed and Participatory Capitalist Firms: A Meta-Analysis. // Industrial and Labor Relations Review. Vol. 49. 1995. N1.
[110] Doucouliagos Ch. Why Capitalist Firms Outnumber Labor-Managed Firms. // Review of Radical Political Economies. Vol. 22. 1990. No 4.
[111] Ellerman D. P. Theory of Legal Structure: Worker Cooperatives. //

Washington, DC : CAO, October 1987.
[87] Uvalic M. The PEPPER REPORT: Promotion of Employee Participation in Profits and Enterprise Results in the Member States of the European Community. Florence and Brussels: Commission of the European Communities. European University, Florence, 1991.
[88] Vanek J. Crisis and Reform: East and West. Essays in Social Economy. Ithaca, New York, 1989.
[89] Vanek J. Toward a Just, Efficient, and Fully Democratic Society. In: Advances in the Economic Analysis of Participatory and Labor-Managed Firms. Vol. 2, Greenwich: JAI Press Inc., 1987.
[90] Vanek J. The Labor-managed Economy. Ithaca: Cornell University Press, 1977.
[91] Vanek J. Introduction. In: Self-Management: Economic Liberation of Man. Baltimore: Penguin Education, 1975.
[92] Vanek J. The general theory of Labor-Managed Market Economies. Ithaca and London: Cornell University Press, 1970.
[93] Vanek W. M. A Very Short History of Worker's Self-Management. Ithaca: Cornall University, 1993.
[94] Warner M. Organizations and Experiments. Designing New Ways of Managing Work. Chichster, New York, Brisbane, Toronto, Singapore : John Wiley and Sons, 1984.
[95] Webb B. The co-operative Movement in Great Britain. London: Fonnschein, 1891.
[96] Weitzman M. L. and Kruse D. L. Profit Sharing and Productivity. In: Paying for Productivity. A Look at the Evidence. Ed. Blinder A. S. Washington: The Brooking Institution, 1990.

*　　　*　　　*

[97] American Economic Review. 1970. May.
[98] Annals of Public and Cooperative Economy. 1986. March.
[99] Blasi J. R. Privatization and Employee Ownership in Russia. //The

[76] Rudyk E. The Problems of Introducing Industrial Democracy in the USSR. In: Sixth International Conference on Workers Self-Management. Cornell University, Ithaca, New York, USA, August 6-11, 1991., Ithaca, 1991.

[77] Rudyk E. N., Uvarov V. P. Okonomische Aspekte des "demokratischen Sozialismus". Burgerliche und kleinburgerliche okonomische Theorien uder den Sozialismus nach dem zweiten Weltkrieg. Berlin: Akademie-Verlag, 1981.

[78] Russell R. Utopia in Zion . The Israeli Experience with Worker Cooperatives. N. Y., 1995.

[79] Schaffer H. Les privatisations en Autriche. In: Les privatisations en Europe. Paris: Editions du Centre national de la Recherche Scientifique, 1989.

[80] Shackleton J. R. Is Worker's Self-Management the Answer? In: Comparative Economic Systems. Models and Cases. Homewood. Boston: IRWIN, 1989.

[81] Simmons J. and Mares W. Working Together. Employee Participation in Action. N. Y.: New York University Press, 1985.

[82] Stryjan Y. Impossible Organizations. On Self-management and Organizational Reproduction. Uppsaia University, 1987.

[83] Supek R. Experiences et problemes de l'Autogestion yougoslave. In: L'Autogestion, un système économique? Paris: Dunod, 1981.

[84] The Consititution of the Socialist Federal Republic of Yugoslavia 1974. Belgrade, 1974.

[85] Tezenas Du Montcel H. L'Entreprise autogéree comme organisation. in: L'Autogestion, un système économique? Paris: Dunod, 1981.

[86] United States. General Accounting Office. Employee Stock Ownership Plans: Little Evidence of Effects on Corporate Performance. Report to the Chairman, Committee on Finance, US Senate.

[67] Prychitko D. L. and Vanek J. Introduction In: Producer Cooperatives and Labor-Managed Systems. Ed. By Prychitko D. L. and Vanek J. V. I Cheltenham, Brookfield: An Elgar Reference Collection, 1996.

[68] Reibel R. The Workingman' Production Association, or the Republic in the Workshop. In: Self-Management: Economic Liberation of Man. Baltimore: Penguin Education, 1975.

[69] Rock Ch. Workplace Democracy in the United States. In: Worker Empowerment. The Struggle for Workplace Democracy. Ed. Wisman J. D. N. Y.: The Bootstrap Press, 1991.

[70] Rosanvallon P. L'age de l'autogestion ou la politique au poste de commandement. Pris: Ed. Du Seuil, 1976.

[71] Rosen C. M. An Introduction to Employee Stock Ownership Plans. In: The Expanding Role of ESOPs in Public Companies. Ed. By Young K. M. New York, Westport, Connecticut, London: Quorum Books, 1990.

[72] Ross D. P. Nature et situation de l'autre economie au Canada. In: L'autre economie une economie alternative? Montreal: Presses de l'Universite du Quebec, 1989.

[73] Rothschild J. and Whitt J. A The Cooperative Workplace. Potentials and Dilemmas of Organizational Democracy and Participation. Cambridge: Cambridge University Press, 1986.

[74] Rudyk E. N. Labour and Power in the Economy in the Transitional Period in Russia. In: The 8th Conference of the International Association for the Economics of Participation. Praha. August 22-24, 1996. Praha, 1996.

[75] Rudyk E. N. The Western Experience of Industrial Democracy and Its Significance. In: Labor and Democracy in the Transition to a Market System. A U. S.-Post-Soviet Dialogue. New York, London, M. E. Sharpe, 1992.

University Press, 1989.

[55] Menconi M. Les pionniers de l'analyse économique de L'Autogestion. In: L'Autogestion, un systeme économique? Paris: Dunod, 1981.

[56] Monat J. De quoi s'agit-il lorsqu'on parle de "participation"? In: Syndicats et participation démocratique. Scenario 21. Vol. 1, Paris, La Haye : I. E. S. /L. E. R. P. S., 1994.

[57] Monat J. Un panorama historique et géographique de la participation des salaries aux décisions dans les entreprises. In: Syndycats et participation démocratique. Scenario 21. Vol. 2, Paris, La Haye : I. E. S. /L. E. R. S. O., 1994.

[58] Montero de Burgos J. L. Propiedad, Empresa y Sociedad: Nueva Alternativa. Madrid. INAUCO, 1990.

[59] Montet C. L'idée autogestionnaire. In: L'Autogestion, un systéme économique? Paris: Dunod, 1981.

[60] Monson J. L. Principes cooperatifs et realité cooperative en Espagne. In: Cooperatives, marchés, principes cooperatifs. Ed. Zevi A., Monzon Campos J. L. Bruxelles: Ciriec, De Boeck Universite, 1995.

[61] Myging N. Societies in Transition. Draft. Copenhagen: Copenhagen Business School, 1994.

[62] Nadal W. E. The New Capitalism. N. Y. etc., 1986.

[63] Nagels J. H. Particition. Englewood Cliffs: Prentice-Hall, 1987.

[64] Pinaud H. Le role des acteurs sociaux dans l'evolution de la participation en Europe. In: Syndicats et participation démocratique. Scenario 21., Vol. 1, Paris. La Haye : I. E. S. /L. E. R. S. O., 1994.

[65] Poole M. Workers' participation in industry. London, Henley and Boston: Routledge and Kegan Paul, 1978.

[66] Privatization and Employee Ownership. The International Experience. Oakland: National Center for Employee, 1992.

Some Basic issues. In: Democracy in the Work Place. Ed. By Lansbery R. D. Melbourne: Longman Cheshiro, 1980.

[45] Leisink P. Les syndicats et la participation des salaries aux Pays-Bas. In: Sindicats et participation démocratique. Scenario 21., Vol. 2. Paris, La Haye: I. E. S. /L. E. R. P. S. O., 1994.

[46] Levesque B. and Cote D. Le changement des principes cooperatifs a l'heure de la mondialistation: a la recherche d'une methodologie. In: Cooperatives, marchés, pincipes cooperatifs. Ed. Zevi A., Monzon Campos J. L. Bruxelles: Ciriec, De Boeck Universite, 1995.

[47] Levine D. I. and Tyson L. D'A. Participation, Productivity, and the Firm's Environment. In: Paying for Productivity. A look at the Evidence. Ed. Blinder A. S. Washington: The Brookings Institution, 1990.

[48] Lutz M. A. and Lux K. Humanistic Economics. The New Challenge. N. Y.: The Bootstrap, 1988.

[49] Mandel E. Marxist Economic Theory. Vol. 2, N. Y., Monthly Review Press: 1968.

[50] Marini M. et Zevi A. Le mouvement cooperatif italien et les principes cooperatifs. In: Cooperatives, marchés, principes cooperatifs. Ed. Zevi A., Monzon Campos J. L. Broxelles: Ciriec, De Boeck Universite, 1995.

[51] Markovic M. Alienated Labour and Self-Determination. In: Alienation. Problems of Meaning, Theory and Method. Ed. By Geyer R. F. and Schweitzer D. London, 1981.

[52] Mason R. M. Participatory and Workplace Democracy. A theoretical development in critique of liberalism. Southern Illinois University Press, 1982.

[53] McGregor D.. The Human Side of Enterprise. N. Y.: Mc Graw Hill, 1960.

[54] Meade J. E. Agathotopia: The Economics of Partnership. Aberdeen

[34] Herrick N. Joint Management and Employee Participation. Labor and Management at the Crossroads. San Francisco. Oxford: Jossey-Bass Publishers, 1990.

[35] Horvat B. The Organization Theory of Workers' Management. In: Organizational Democracy and Political Processes. Ed. By Crouch C. and Heller F. A., Vol. 1. Chichester. Toronto. Singapore: Jonh Wiley & Sons, 1983.

[36] Horvat B. Critique de la theorie de la firme autogeree. In: L'Autogestion, un systeme economique? Paris: Dunod, 1981.

[37] Horvat B. An Institutional Model of a Self-Managed Socialist Economy. In: Self-Management: Economic Liberation of Man. Baltimore: Penguin Education, 1975.

[38] Jones D. Experiences d'Autogestion dans les économies occidentales. In: L'Autogestion, un systeme économique? Paris: Dunod, 1981.

[39] Jossa B. and Cuomo G. The Economic Theory of Socialism and the Labour-Managed Firm. Markets, Socialism and Labour Management. Cheltenham. Brookfield.: Edward Elgar, 1997.

[40] Kester G. Les principes directeurs. In: Syndicats et participation democratique. Scenario 21. Vol. 1, Paris. La Haye: I. E. S. /L. E. P. S. O., 1994.

[41] Kester G. et Pinaud H. Avant-Propos. In: Syndicats et participation démocratique. Scenario 21. Vol. 1, Paris. La Haye: I. E. S. /L. E. P. S. O., 1994.

[42] Kuhne R. J. Co-determination in Business. Workers Representations in the Boardroom. N. Y.: Praeger Publishers, 1980.

[43] Lansbury R. D. Australian Appoaches to Industrial Democracy. In: Democracy in the Work Place. Ed. by Lansbury R. D. Melbourne: Longman Cheshiro, 1980.

[44] Lansbury R. D. and Prideaux G. I. Democracy in the Work Place:

l'entreprises. Paris: Les Editions du Faubourg, 1977.

[22] Denis A. Histoire de la penseé économique. Paris: PUF, 1967.

[23] Dow G. K. Market for Membership in the Labor-Managed Firm: A Simple General Equilibrium Model. В **Кн: Человек в социально-экономической системе** (The Man in the Socio-Economic System). **Москва** (Moscow): **Инститчт экономики РАН**, 1992.

[24] Duverger M. Lettre ouverte aux socialistes. Paris: Michel, 1976.

[25] Ellerman D. P. Buy-Outs and the Transformation of Central and Eastern Europe. In: Management and Employee Buy-Outs as a Technique of Privatization. Ed. by Ellerman D. P. Ljublijana: C. E. E. P. N., 1993.

[26] Ellerman D. P. Property and Contract in Economics. The Case for Economic Democracy., Cambridge, 1992.

[27] Ellerman D. P. The democratic Worker-owned firm. Boston: Unvin Hyman, 1990.

[28] Frisch. R. A. ESOP for the '80s. The Fabulous New Instrument of Corporate Finance Comes of Age. N. Y.: Farnsworth Publishing Company, 1987.

[29] Garcia Q. Les cooperatives industrielles de Mondragon. Paris: Editions Éonomie et Humanisme et Les Éditions Ouvrières, 1970.

[30] Gartner U. Mitarbeiterbeteiligung-Wege zur Wirtschaftsdemokratie? In: Wirtschaftsdemokratie in der Diskussion. Hrsg. Huber I., Kosta I., Frankfurt a. M., 1978.

[31] Gold M. La participation au Royaume-Uni. In: Syndicats et participation democratique. Scenario 21. Vol. 2 Paris, La Haye: I. E. S. /L. E. R. P. S. O., 1994.

[32] Gunn Ch. E. Workers' Self-Management in the United States. Ithaca and London: Cornell University Press, 1984.

[33] Haitani K. Comtarative Economic Systems. Organizational and Management Perspectives. State University of New York, 1986.

the Evidence. Ed. A. S. Blinder. Washington: The Brooking Institution, 1990.

[ 9 ] Blumberg. P. Industrial Democracy. The sociology of participation. N. Y., Schocken Books, 1969.

[10] Bourdet. Y. et Guillerme A. L'autogestion. Paris: Seghers, 1975.

[11] Bourdon J., Pontier M., Ricci C. In: Les privatisations en Europe. Paris: Editions du Centre National de la Recherche Scientifique, 1989.

[12] Bradly K., Gelb A. Cooperation at Work. The Mondragon Experience. London: Heinemann Educational Books, 1983.

[13] Buck T. Comparative Industrial Systems: Industry under Capitalism, Central Planing and Self-Management. London: Macmillam, 1982.

[14] Chevenement J.-P. Les socialistes, les communistes et les autres. Paris, 1977.

[15] Clegg H. A. A New Approach to Industrial Democracy. Oxford: Basil Black Well, 1963.

[16] Clement J.-P. La participation dans l'entreprise. Paris: PUF, 1983.

[17] Cole G. D. H. Collecitivism, Syndicalism and Guilds. In: Self-Management: Economic Liberation of Man. Baltimore: Penguin Education, 1975.

[18] Conte M. A. and Svejnar J. The Performance Effects of Employee Ownership Plans. In: Paying for Productivity. A Look at the Evidence. Ed. A. S. Blinder. Washington: The Brookings Institution, 1990.

[19] Dahl R. A. A Preface to Economic Democracy. Berkley and Los Angeles: University of California Press, 1985.

[20] Daures N. L'entreprise autogeree face a la croissance. In: L'Autogestion, un systeme économique? Paris: Dunod, 1981.

[21] Daures N. et Dumas A. Theorie économique de L'autogestion dans

# 引用・参照文献

（本訳書で注記を省略したものも含む）

## Ⅰ　欧語文献（著書，雑誌論文，報告・手稿）

[1] Adams F. T. and Hansen G. B. Putting Democracy to Work. A Practical Guide for Starting and Managing Worker-Owned Business. San Francisko, Hulogosi, 1992.

[2] Adizes I. On Self-Management: An Organizational Definition, a Typology of Various Experiments in the World and a Discussion of the Role of Professional Management. In: Self-Management: New Dimensions to Democracy. Ed. By Adizes I. And Borgese E. M. Santa Barbara. Oxford: ABC-Clio, 1975.

[3] Barkai H. The Kibbutz: An Experiment in Microsocialism. In: Self-Management: Economic Liberation of Man. Baltimore: Penguin Education, 1975.

[4] Benello C. G. Workplace Democratization. In: Building Sustainable Communities. Tools and Concepts for Self-Reliant Economic Change. N. Y.: The Bootstrap Press, 1989.

[5] Bhattacharya J. B. Participative Management and Industrial Democracy. Concept and Practices. Calcutta: Omega Publications, 1986.

[6] Bhérer H. Management soviétique. Administration et planification. Quebec-Paris: Presses de la Fond nationale des sciences politiques, 1982.

[7] Blasi J. R., Kroumova M., Kruse D. and Shleifer A. Kremlin Capitalism. The Privatization of the Russian Economy. Ithaca and London: Cornell University Press, 1997.

[8] Blinder A.S. Introduction In: Paying for Productivity. A Look at

訳者紹介

岡田　進（おかだ　すすむ）

1937年　長野県生まれ.
1966年　東京大学大学院社会学研究科国際関係論専修博士課程修了.
1980年　東京外国語大学教授，現在に至る（専攻　経済体制論，ロシア経済論）
著書
『ロシアの体制転換』（日本経済評論社，1998年）
訳書
ヴィゴツキー『資本論をめぐる思想闘争史』（河出書房新社，1971年）．レーニン『協同組合論』（国民文庫，1975年）．アバルキン編『現代社会主義の政治経済学 上下』（協同産業出版部，1987－1988年）．ペヴズネル『資本論とペレストロイカ』（同上，1988年）．アバルキン他編『ソ連経済を救う12の処方箋』（大月書店，1991年）．アバルキン『失われたチャンス』（新評論，1992年）．ほか.

現代の産業民主主義――理論・実際・ロシアのケース――

2000年3月10日　第1刷発行　　定価（本体2500円＋税）

著　者　エミール・ルーディック
訳　者　岡　田　進
発行者　栗　原　哲　也
発行所　株式会社　日本経済評論社
〒101-0051　東京都千代田区神田神保町3-2
電話 03-3230-1661　Fax. 03-3265-2993

装丁・大貫デザイン事務所　　文昇堂印刷・協栄製本


ISBN4-8188-1198-X